Ma religion

Graf Léon Tolstoï

(Traducteur : Huntington Smith)

Writat

Cette édition parue en 2024

ISBN : 9789361462689

Publié par
Writat
email : info@writat.com

Contenu

PRÉFACE DU TRADUCTEUR.

POUR ceux qui ne connaissent pas la langue russe, les données accessibles relatives à la vie extérieure de Léon Nikolaïevitch Tolstoï , l'auteur de ce livre, sont pour le moins peu volumineux. Son nom n'apparaît pas dans ce répertoire hétérogène de célébrités connu sous le nom *des Hommes du temps* , ni dans le très complet *Dictionnaire des Contemporains* de M. Vapereau . Et pourtant, le comte Léon Tolstoï est reconnu par des critiques compétents comme un homme d'un génie extraordinaire, qui, certainement dans un cas, a produit un chef-d'œuvre littéraire qui continuera à se ranger au rang des grandes productions artistiques de cette époque.

Peut-être nous suffit-il de savoir qu'il est né dans la propriété de son père, dans la province russe de Toula, en 1828 ; qu'il a reçu une bonne éducation à la maison et a étudié les langues orientales à l'Université de Kasan ; qu'il fut quelque temps dans l'armée, où il entra à vingt-trois ans comme officier d'artillerie, servant plus tard dans l'état-major du prince Gortschakof ; et que par la suite il alterna entre Saint-Pétersbourg et Moscou, menant l'existence d'une barbarie surraffinée et d'un luxe excessif, caractéristiques de l'aristocratie russe. Il a vu la vie à la campagne et en ville, dans les camps et à la cour. Il fut compté parmi les défenseurs de Sébastopol lors de la guerre de Crimée, et les impressions recueillies alors lui servirent de matériau à une série de *croquis de guerre* qui attirèrent l'attention dans les pages du magazine où ils parurent pour la première fois ; et quand, un peu plus tard, ils furent publiés sous forme de livre, leur auteur, alors âgé de vingt-huit ans, acquit aussitôt une grande popularité. La popularité est devenue célèbre avec la publication, également en 1856, de *Enfance et jeunesse* , remarquable à la fois par ses révélations naïves sur la genèse et la croissance des idées et des émotions dans l'esprit des jeunes, par ses images idylliques de la vie domestique et par son style gracieux. descriptions de la nature. Viennent ensuite *Les Cosaques* , un roman sauvage des steppes, vigoureusement réaliste dans ses détails et, comme toutes les œuvres du comte Tolstoï , poétique dans sa conception et inspiré par une intensité dramatique. En 1860 parut *Guerre et Paix* , un roman historique en plusieurs volumes, traitant de l'invasion napoléonienne de 1812 et des événements qui suivirent immédiatement la retraite de Moscou. Selon MC Courrière [1] , elle fut saisie avec avidité et produisit une profonde sensation.

« La scène est immense et les acteurs sont innombrables ; parmi eux trois empereurs avec leurs ministres, leurs maréchaux et leurs généraux, puis une suite innombrable d'officiers mineurs, de soldats, de nobles et de paysans. Nous sommes transportés tour à tour des salons. de Saint-Pétersbourg aux camps de guerre, de Moscou à la campagne. Et toutes ces scènes diverses et variées sont réunies dans un but directeur qui met tout en harmonie. Chacune des séries prolongées de tableaux en constante évolution est d'une beauté remarquable. et palpitant de vie."

Pierre Besushkof , l'un des trois héros de *Guerre et Paix* , a longtemps été, à tort ou à raison, considéré comme à certains égards une étude autobiographique, mais la note personnelle est toujours bien perceptible dans les écrits du comte Tolstoï , si l'on en croit les rapports. des pourvoyeurs enthousiastes d'informations littéraires qui ont fait connaître certaines de leurs nombreuses qualités attrayantes. Il est clair également qu'un objectif commun les traverse tous, un objectif qui ne trouve sa pleine expression que dans la dernière production de l'auteur. On en trouve des allusions dans *Enfance et jeunesse* ; dans *Guerre et Paix* , et dans une romance ultérieure, *Anna Karénine* , cela devient très distinct. Dans les deux dernières œuvres, le comte Tolstoï est impitoyable dans sa représentation des vices et des folies de la classe riche et aristocratique, et chaleureux dans son éloge de la simplicité et de la vertu sans prétention. Pierre Besushkof est représenté comme le produit d'une période de transition, quelqu'un qui voit clairement que l'avenir doit être différent du passé, mais incapable d'interpréter les prophéties de sa venue. M. Courrière parle de lui avec beaucoup de bonheur comme d'un « enfant trop grand qui semble perdu dans un monde totalement inconnu ». Pendant un certain temps, Pierre trouve la tranquillité d'esprit dans les principes de la franc-maçonnerie, et l'auteur nous donne un récit vivant, tour à tour humoristique et pathétique, des efforts du jeune homme pour mettre en pratique les doctrines nouvellement acquises. Il décide d'améliorer la condition des paysans de ses domaines ; mais au lieu de s'occuper lui-même de l'affaire, il laisse la réalisation de ses plans à ses intendants, de sorte que « les plus intelligents d'entre eux écoutaient avec attention, mais ne considéraient qu'une seule chose : comment mener à bien leurs propres fins privées sous le contrôle de l'administration ». semblant d'exécuter ses ordres. Plus tard, on nous montre Pierre errant sans but dans les rues de Moscou en feu, jusqu'à ce qu'il soit arrêté par les Français. Il apprend alors le vrai sens de la vie auprès d'un simple soldat, d'un codétenu, et se rend ainsi compte que la sécurité pour l'avenir ne peut être obtenue qu'en ramenant la vie au niveau de simplicité grossière adopté par le peuple, en reconnaissant, dans en acte comme en acte, la fraternité des hommes.

Nous ne pouvons pas aborder ici la question de savoir si cette attitude mentale, loin d'être inhabituelle chez les Russes cultivés et libéraux, provient de l'absence de gradation sociale entre le noble et le paysan, qui oblige le philosophe social de rang à accepter une existence de pure mondanité et de spectacle vide, ou d'adopter les aspirations primitives et l'humble labeur des cultivateurs de la terre. En tout cas, il est clair que le comte Tolstoï se range du côté de ce dernier. La doctrine de la simplification a de nombreux adeptes en Russie, et quand, il y a quelque temps, on annonça que l'auteur de *Guerre et Paix* s'était retiré à la campagne et menait une vie de frugalité et de labeur sans réserve dans l'exploitation de ses domaines, le La surprise de ses propres compatriotes ne pouvait pas être très grande. Dans ce livre, il nous raconte comment la décision a été prise. Il fonde ses conclusions sur une interprétation directe et littérale des enseignements de Jésus tels qu'exprimés dans le Sermon sur la Montagne.

L'interprétation n'est pas nouvelle en théorie, mais jamais auparavant elle n'a été réalisée avec autant de zèle, avec autant de détermination, avec autant de sincérité et, compte tenu des prémisses, avec une logique aussi irréfutable que dans cette belle confession de foi. Avec quelle émotion il décrit les doutes et les craintes de celui qui cherche une vie meilleure ; combien impressionnante sa recherche sérieuse de la vérité ; comment lui inspirer confiance dans la bonté naturelle, par opposition à la dépravation naturelle de l'homme ; combien convaincant son argument selon lequel la doctrine de Jésus est simple, praticable et propice au plus grand bonheur ; combien terrifiante son énumération des souffrances des « martyrs de la doctrine du monde » ; combien impitoyable sa mise en accusation contre l'Église pour son indifférence complaisante au bien-être de l'humanité ici, dans cette étape actuelle de l'existence ; combien sublime sa prophétie de l'âge d'or où les hommes demeureront ensemble dans les liens de l'amour, et où le péché et la souffrance ne seront plus le lot commun de l'humanité ! Nous lisons et sommes saisis d'une émotion divine ; mais lequel d'entre nous est prêt à accepter la vérité dévoilée ici comme le véritable secret de la vie ?

Devons-nous prendre au sérieux cette éloquente expression de foi dans l'humilité, dans le renoncement, dans l'amour fraternel, ou la considérerons-nous seulement comme une étape belle et paisible dans la carrière d'un homme de génie qui, après la tempête et le stress d'une vie de péché et de souffrance, s'est retournée vers les idéaux de jeunesse et d'innocence et a cherché à en faire à nouveau des objets de désir ? Fanatisme, dites-vous ? Ah oui; mais Jésus et ses disciples n'ont-ils pas pratiqué un tel fanatisme ? Peut - on nier que tout ce qu'il y a de mieux dans ce monde moderne (et il y a tellement de meilleur, après tout), que tout ce qu'il y a de mieux est venu de la grande impulsion morale générée par un petit groupe de fanatiques dans un coin obscur ? de l'Asie il y a dix-huit siècles ? Cette impulsion, nous la ressentons encore, malgré tous les obstacles qui ont été mis sur son chemin pour annuler son action ; et si quelqu'un cherche la force de la source première du pouvoir, qui lui dira non ? Ainsi, même si l'on peut sourire de la naïveté de cet évangéliste russe dans sa détermination à retrouver dans les évangiles l'impératif catégorique du renoncement à soi, même si l'on peut s'étonner de la magnifique audace de ses spéculations exégétiques, on ne peut refuser d'admirer une foi si sincère, si intense et, à bien des égards, si édifiant et si noble.

HUNTINGTON SMITH.

DORCHESTER,   MASSACHUSETTS,
19 novembre 1885.

INTRODUCTION.

JE n'ai pas toujours été possédé par les idées religieuses exposées dans ce livre. Pendant trente-cinq ans de ma vie, j'ai été, au sens propre du terme, un nihiliste, non pas un socialiste révolutionnaire, mais un homme qui ne croyait en rien. Il y a cinq ans, la foi m'est venue ; J'ai cru en la doctrine de Jésus et toute ma vie a subi une transformation soudaine. Ce que j'avais souhaité autrefois, je ne le souhaitais plus et j'ai commencé à désirer ce que je n'avais jamais désiré auparavant. Ce qui m'était apparu à l'instant présent était devenu faux, et le mal du passé me paraissait juste. Ma condition était comme celle d'un homme qui part faire une commission, et après avoir parcouru une partie de la route, décide que l'affaire n'a aucune importance et fait demi-tour. Ce qui était d'abord à sa droite est maintenant à sa gauche, et ce qui était à sa gauche est maintenant à sa droite ; au lieu de s'éloigner de sa demeure, il désire y retourner le plus tôt possible. Ma vie et mes désirs ont été complètement changés ; le bien et le mal ont échangé des significations. Pourquoi ? Parce que j'ai compris la doctrine de Jésus d'une manière différente de celle dont je l'avais comprise auparavant.

Ce n'est pas mon objectif d'exposer la doctrine de Jésus ; Je veux seulement dire comment j'ai compris ce qu'il y a dans cette doctrine de simple, de clair, d'évident, d'incontestable ; comment je comprends cette partie qui plaît à tous les hommes, et comment cette compréhension a rafraîchi mon âme et m'a donné du bonheur et de la paix.

Je n'ai pas l'intention de commenter la doctrine de Jésus ; Je désire seulement que tout commentaire soit définitivement supprimé. Les sectes chrétiennes ont toujours soutenu que tous les hommes, si inégaux que soient l'éducation et l'intelligence, sont égaux devant Dieu ; cette vérité divine est accessible à tous . Jésus a même déclaré que c'était la volonté de Dieu que ce qui est caché aux sages soit révélé aux simples. Tout le monde n'est pas capable de comprendre les mystères de la dogmatique , de l'homilétique, de la liturgie, de l'herméneutique, de l'apologétique ; mais chacun peut et doit comprendre ce que Jésus-Christ a dit aux millions de gens simples et ignorants qui ont vécu et qui vivent aujourd'hui. Or, les choses que Jésus a dites aux gens simples qui ne pouvaient pas profiter des commentaires de Paul, de Clément, de Chrysostome et d'autres, sont justement ce que je n'ai pas compris et que, maintenant que je les comprends, , je tiens à le faire comprendre à tous.

Le voleur sur la croix a cru au Christ et a été sauvé. Si le voleur, au lieu de mourir sur la croix, en était descendu et avait dit à tous les hommes sa croyance au Christ, le résultat n'aurait-il pas été d'un grand bien ? Comme le voleur sur la croix, je crois en la doctrine de Jésus, et cette croyance m'a guéri. Ce n'est pas une vaine comparaison, mais une expression véridique de ma condition spirituelle ; mon âme, autrefois remplie de désespoir de la vie et de peur de la mort, est maintenant pleine de bonheur et de paix.

Comme le voleur, je savais que ma vie passée et présente était vile ; J'ai vu que la majorité des hommes autour de moi menaient une vie indigne. Je savais, comme le voleur, que j'étais malheureux et souffrant, que tous ceux qui m'entouraient souffraient et étaient malheureux ; et je ne voyais devant moi que la mort pour me sauver de cet état. De même que le voleur a été cloué sur sa croix, de même j'ai été cloué à une vie de souffrance et de mal par une puissance incompréhensible. Et comme le voleur voyait devant lui, après les souffrances d'une vie insensée, les horribles ombres de la mort, ainsi je voyais la même perspective s'ouvrir devant moi.

Dans tout cela, je sentais que j'étais comme le voleur. Il y avait cependant une différence dans nos conditions ; il était sur le point de mourir, et je—je vivais encore. Le voleur mourant pensait peut-être trouver son salut au-delà de la tombe, tandis que j'avais devant moi la vie et son mystère de l'autre côté de la tombe. Je n'ai rien compris à cette vie ; cela m'a semblé une chose effrayante, et alors... j'ai compris les paroles de Jésus, et la vie et la mort ont cessé d'être mauvaises ; au lieu du désespoir, j'ai goûté à la joie et au bonheur que la mort ne pouvait pas m'enlever.

Quelqu'un sera-t-il offensé si je raconte comment tout cela s'est produit ?

LÉON TOLSTOÏ.

MOSCOU , 22 janvier 1884.

CHAPITRE I.

J'EXPLIQUERAI ailleurs, dans deux volumineux traités, pourquoi je n'ai pas compris la doctrine de Jésus, et comment enfin elle m'est devenue claire. Ces ouvrages sont une critique de la théologie dogmatique et une nouvelle traduction des quatre Évangiles, suivie d'une concordance. Dans ces écrits, je cherche méthodiquement à démêler tout ce qui tend à cacher la vérité aux hommes ; Je traduis à nouveau les quatre Évangiles, verset par verset, et je les rassemble dans une nouvelle concordance. Les travaux ont duré six ans. Chaque année, chaque mois, je découvre de nouvelles significations qui corroborent l'idée fondamentale ; Je corrige les erreurs qui se sont glissées et je mets la dernière touche à ce que j'ai déjà écrit. Ma vie, dont le terme n'est pas loin, se terminera sans doute avant que j'aie terminé mon œuvre ; mais je suis convaincu que l'ouvrage sera d'une grande utilité ; je ferai donc tout ce que je peux pour le mener à son terme.

Je ne m'occupe pas maintenant de ce travail extérieur sur la théologie et les Évangiles, mais d'un travail intérieur d'une toute autre nature. Il ne s'agit plus maintenant de rien de systématique ni de méthodique, seulement de cette lumière soudaine qui m'a montré la doctrine évangélique dans toute sa simple beauté.

Le processus était quelque chose de semblable à celui vécu par celui qui, suivant un modèle erroné, cherche à restaurer une statue à partir de morceaux de marbre brisés, et qui, avec l'un des fragments les plus réfractaires à la main, perçoit le désespoir de son idéal ; puis il recommence, et au lieu des incongruités précédentes, il découvre, en observant les contours de chaque fragment, que tous s'emboîtent bien et forment un tout cohérent. C'est exactement ce qui m'est arrivé et c'est ce que je souhaite raconter. Je souhaite raconter comment j'ai trouvé la clé du vrai sens de la doctrine de Jésus, et comment par ce sens le doute a été absolument chassé de mon âme. La découverte s'est produite de cette manière.

Dès mon enfance, dès que j'ai commencé à lire le Nouveau Testament, j'ai été particulièrement touché par cette partie de la doctrine de Jésus qui inculque l'amour, l'humilité, l'abnégation et le devoir de rendre le bien pour le mal. Pour moi, cela a toujours été la substance du christianisme ; mon cœur a reconnu sa vérité malgré le scepticisme et le désespoir, et c'est pour cette raison que je me suis soumis à une religion professée par une multitude de travailleurs qui trouvent en elle la solution de la vie, la religion enseignée par l'Église orthodoxe. Mais en me soumettant à l'Église, je vis bientôt que je ne trouverais pas dans son credo la confirmation de l'essence du christianisme ; ce qui me paraissait essentiel n'était dans le dogme de l'Église qu'un simple accessoire. Ce qui était pour moi le plus important des enseignements de

Jésus n'était pas aussi considéré par l'Église. Sans aucun doute (je pensais) l'Église voit dans le christianisme, outre son sens intérieur d'amour, d'humilité et d'abnégation, un sens extérieur, dogmatique, qui, aussi étrange et même répugnant pour moi, n'est pas en soi mauvais ou pernicieux. . Mais plus j'avançais dans ma soumission à la doctrine de l'Église, plus je voyais clairement dans ce point particulier quelque chose de plus important que je ne l'avais d'abord imaginé. Ce que j'ai trouvé de plus répugnant dans la doctrine de l'Église, c'était l'étrangeté de ses dogmes et l'approbation, voire le soutien, qu'elle apportait aux persécutions, à la peine de mort, aux guerres suscitées par l'intolérance commune à toutes les sectes ; mais ma foi fut surtout brisée par l'indifférence de l'Église pour ce qui me paraissait essentiel dans l'enseignement de Jésus, et par sa partialité pour ce qui me paraissait secondaire. Je sentais que quelque chose n'allait pas ; mais je ne voyais pas où était la faute, car la doctrine de l'Église ne niait pas ce qui me paraissait essentiel dans la doctrine de Jésus ; cet essentiel a été pleinement reconnu, mais de manière à ne pas lui donner la première place. Je ne pouvais pas accuser l'Église de nier l'essence de la doctrine de Jésus, mais elle était reconnue d'une manière qui ne me satisfaisait pas. L'Église ne m'a pas donné ce que j'attendais d'elle. J'étais passé du nihilisme à l'Église simplement parce que je sentais qu'il était impossible de vivre sans religion, c'est-à-dire sans une connaissance du bien et du mal en dehors des instincts animaux. J'espérais trouver cette connaissance dans le christianisme ; mais je ne voyais alors dans le christianisme qu'une vague tendance spirituelle, dont il était impossible de déduire des règles claires et impératives pour guider la vie. C'est ce que j'ai recherché et ce que j'ai exigé de l'Église. L'Église m'offrait des règles dans lesquelles non seulement je cherchais en vain la pratique de la vie chrétienne qui me était si chère, mais qui m'en éloignaient encore plus. Je ne pouvais pas devenir disciple de l'Église. Une existence fondée sur la vérité chrétienne m'était indispensable, et l'Église ne m'offrait que des règles complètement en contradiction avec la vérité que j'aimais. Les règles de l'Église touchant les articles de foi, les dogmes, l'observance du sacrement, les jeûnes, les prières, ne m'étaient pas nécessaires et ne semblaient pas fondées sur la vérité chrétienne. De plus, les règles de l'Église ont affaibli et parfois détruit la disposition d'âme chrétienne qui seule donnait un sens à ma vie.

J'étais très troublé de constater que les misères de l'humanité, l'habitude de se juger les uns les autres, de porter un jugement sur les nations et les religions, et les guerres et les massacres qui en résultaient, tout cela se poursuivait avec l'approbation de l'Église. La doctrine de Jésus : ne pas juger, être humble, pardonner les offenses, renoncer à soi-même, aimer, cette doctrine a été exaltée par l'Église en paroles, mais en même temps l'Église a approuvé ce qui était incompatible avec la doctrine. Était-il possible que la doctrine de Jésus admette une telle contradiction ? Je ne pouvais pas le croire.

Une autre chose étonnante à propos de l'Église, c'est que les passages sur lesquels elle fondait l'affirmation de ses dogmes étaient les plus obscurs. En revanche, les passages d'où provenaient les lois morales étaient les plus clairs et les plus précis. Et pourtant les dogmes et les devoirs qui en dépendent étaient définitivement formulés par l'Église, tandis que la recommandation d'obéir à la loi morale était formulée dans les termes les plus vagues et les plus mystiques. Était-ce l'intention de Jésus ? Les Évangiles seuls pourraient dissiper mes doutes. Je les ai lus encore et encore.

De toutes les autres portions des Évangiles, le Sermon sur la Montagne a toujours eu pour moi une importance exceptionnelle. Je le lis maintenant plus fréquemment que jamais. Nulle part Jésus ne parle avec plus de solennité, nulle part il ne propose des règles morales plus précises et plus pratiques, et ces règles, sous une autre forme, n'éveillent pas plus facilement un écho dans le cœur humain ; nulle part ailleurs il ne s'adresse à une plus grande multitude de gens ordinaires. S'il existe des principes chrétiens clairs et précis, c'est ici qu'il faut les trouver. J'ai donc cherché la solution de mes doutes dans Matthieu v., vi. et vii., comprenant le Sermon sur la Montagne. Ces chapitres, je les lisais très souvent, chaque fois avec la même ardeur émotionnelle, à mesure que j'arrivais aux versets qui exhortent l'auditeur à tendre l'autre joue, à abandonner son manteau, à être en paix avec le monde entier, à aimer ses ennemis. ,—mais à chaque fois avec la même déception. Les paroles divines n'étaient pas claires. Ils exhortaient à un renoncement si absolu qu'il étouffait entièrement la vie telle que je la comprenais ; renoncer à tout ne pouvait donc, me semblait-il, être essentiel au salut. Et dès que cela cessait d'être une condition absolue, la clarté et la précision prenaient fin.

Je n'ai pas lu seulement le Sermon sur la Montagne ; J'ai lu tous les Évangiles et tous les commentaires théologiques sur les Évangiles. Je n'étais pas satisfait des déclarations des théologiens selon lesquelles le Sermon sur la montagne n'était qu'une indication du degré de perfection auquel l'homme devait aspirer ; que l'homme, accablé par le péché, ne pouvait atteindre un tel idéal ; et que le salut de l'humanité était dans la foi, la prière et la grâce. Je ne pouvais pas admettre la vérité de ces propositions. Il me semblait étrange que Jésus propose des règles si claires et si admirables, adressées à l'entendement de chacun, et qu'il se rende compte néanmoins de l'incapacité de l'homme à mettre sa doctrine en pratique.

Puis, en lisant ces maximes, j'ai été pénétré de la joyeuse assurance que je pourrais à l'heure même, à l'instant même, commencer à les mettre en pratique . Le désir ardent que j'éprouvais m'a poussé à tenter cette tentative, mais la doctrine de l'Église a résonné à mes oreilles : « *L'homme est faible et il ne peut y parvenir* ; — ma force a bientôt failli. De tous côtés, j'entendais : « Il faut croire et prier » ; mais ma foi chancelante empêchait la prière. J'ai encore entendu : « Vous devez prier, et Dieu vous donnera la foi ; cette foi inspirera la prière, qui à son tour invoquera la foi qui inspirera davantage de prière, et ainsi de suite, indéfiniment. » La raison et l'expérience m'ont convaincu que de telles méthodes étaient inutiles. Il me semblait que la seule vraie voie était d'essayer de suivre la doctrine de Jésus.

Et ainsi, après toutes ces recherches infructueuses et cette méditation minutieuse sur tout ce qui avait été écrit pour et contre la divinité de la doctrine de Jésus, après tous ces doutes et ces souffrances, je suis revenu face à face avec le mystérieux message évangélique. Je n'ai pas pu trouver les significations que d'autres ont trouvées, ni découvrir ce que je cherchais. Ce n'est qu'après avoir rejeté les interprétations des sages critiques et théologiens, selon les paroles de Jésus : « *Si vous ne devenez comme de petits enfants, vous n'entrerez pas dans le royaume des cieux* » (Matt. XVIII, 3).), — ce n'est qu'à ce moment-là que j'ai soudain compris ce qui n'avait aucun sens auparavant. J'ai compris, non pas à travers des fantaisies exégétiques ou des combinaisons textuelles profondes et ingénieuses ; J'ai tout compris, parce que j'ai chassé tous les commentaires de mon esprit. C'est le passage qui m'a donné la clé du tout :

« *Vous avez entendu qu'il a été dit : Œil pour œil et dent pour dent. Mais moi, je vous le dis, ne résistez pas au mal.* » (Matt. v. 38, 39.)

Un jour, le sens exact et simple de ces mots m'est venu à l'esprit ; J'ai compris que Jésus ne voulait ni plus ni moins que ce qu'il disait. Ce que j'ai vu n'avait rien de nouveau ; seul le voile qui m'avait caché la vérité est tombé, et la vérité s'est révélée dans toute sa grandeur.

" *Vous avez entendu qu'il a été dit : Œil pour œil et dent pour dent. Mais moi, je vous le dis, ne résistez pas au mal.* "

Ces mots m'apparurent soudain comme si je ne les avais jamais lus auparavant. Toujours auparavant, lorsque j'avais lu ce passage, j'avais, assez singulièrement, laissé échapper certaines paroles : « *Mais je vous le dis, ne résistez pas au mal*. Pour moi, c'était toujours comme si les mots que je venais de citer n'avaient jamais existé ou n'avaient jamais possédé une signification définie. Plus tard, en discutant avec de nombreux chrétiens familiers de l'Évangile, j'ai souvent remarqué le même aveuglement à l'égard de ces paroles. Personne ne s'en souvenait, et souvent, en parlant de ce passage, les chrétiens reprenaient l'Évangile pour voir par eux-mêmes si les paroles étaient bien là. Par une négligence semblable de ces mots, je n'avais pas réussi à comprendre les mots qui suivent :

" *Mais quiconque te frappera sur ta joue droite, tends-lui aussi l'autre* ", etc. (Matt. v. 39, *et suiv.*)

Ces paroles m'avaient toujours paru exiger une longue souffrance et des privations contraires à la nature humaine. Ils m'ont touché; Je sentais qu'il serait noble de les suivre, mais je sentais aussi que je n'avais pas la force de les mettre en pratique. Je me suis dit : « Si je tends l'autre joue, je recevrai un autre coup ; si je donne, tout ce que j'ai me sera enlevé. La vie serait une impossibilité. Puisque la vie m'est donnée, pourquoi devrais-je la priver ? moi-même ? Jésus ne peut pas exiger autant que cela. Ainsi raisonnais-je, persuadé que Jésus, en exaltant la patience et les privations, employait des termes exagérés, manquant de clarté et de précision ; mais quand j'ai compris les mots « *Ne résistez pas au mal* », j'ai vu que Jésus n'exagérait pas, qu'il n'exigeait pas souffrance pour souffrance, mais qu'il avait formulé avec beaucoup de clarté et de précision exactement ce qu'il voulait dire.

« *Ne résistez pas au mal* », sachant que vous rencontrerez ceux qui, après vous avoir frappé sur une joue et n'ayant rencontré aucune résistance, vous frapperont sur l'autre ; qui, après avoir enlevé ta tunique, enlèvera aussi ton manteau ; qui, ayant profité de votre travail, vous forcera à travailler encore davantage sans récompense. Et pourtant, quand tout cela vous arriverait, « *ne résistez pas au mal* » ; faites du bien à ceux qui vous blessent. Quand j'ai compris ces mots tels qu'ils sont écrits, tout ce qui était obscur m'est apparu clairement, et ce qui m'avait semblé exagéré m'a semblé parfaitement raisonnable. Pour la première fois, j'ai saisi l'idée centrale des mots « *Ne résistez pas au mal* » ; J'ai vu que ce qui a suivi n'était qu'un développement de ce commandement ; J'ai vu que Jésus ne nous exhortait pas à tendre l'autre joue pour supporter la souffrance, mais que son exhortation était : « *Ne résistez pas au mal* », et qu'il déclarait ensuite que la souffrance était la conséquence possible de la pratique de cette maxime.

Un père, lorsque son fils est sur le point de partir pour un voyage lointain, lui ordonne de ne pas s'attarder en chemin ; il ne lui dit pas de passer ses nuits sans abri, de se priver de nourriture, de s'exposer à la pluie et au froid. Il dit : « Va ton chemin et ne tarde pas, même si tu es mouillé ou froid. » Jésus ne dit donc pas : « Tendez l'autre joue et souffrez ». Il dit : « *Ne résistez pas au mal* » ; quoi qu'il arrive, " *Ne résistez pas* ".

Ces mots : « *Ne résistez pas au mal* », quand j'en ai compris la signification, ont été pour moi la clé qui ouvrait tout le reste. Puis je fus étonné de n'avoir pas réussi à comprendre des mots aussi clairs et précis.

" *Vous avez entendu qu'il a été dit : Œil pour œil et dent pour dent. Mais moi, je vous le dis, ne résistez pas au mal.* "

Quel que soit le mal que les mal intentionnés puissent vous infliger, supportez-le, donnez tout ce que vous avez, mais ne résistez pas. Existe-t-il quelque chose de plus clair, de plus précis, de plus intelligible que cela ? Il me suffisait de saisir le sens simple et exact de ces paroles, telles qu'elles étaient prononcées, lorsque toute la doctrine de Jésus, non seulement telle qu'elle est exposée dans le Sermon sur la montagne, mais dans tous les Évangiles, m'est apparue clairement ; ce qui semblait contradictoire était désormais en harmonie ; surtout, ce qui paraissait superflu était désormais indispensable. Chaque partie tombait à l'unisson et remplissait sa partie propre, comme les fragments d'une statue brisée lorsqu'ils sont ajustés en harmonie avec le dessin du sculpteur. Dans le Sermon sur la montagne , ainsi que dans tout l'Évangile, j'ai trouvé partout l'affirmation de la même doctrine : « *Ne résistez pas au mal* ».

Dans le Sermon sur la Montagne, ainsi qu'en bien d'autres endroits, Jésus représente ses disciples, ceux qui observent la règle de non-résistance au mal, comme tendant l'autre joue, abandonnant leurs manteaux, persécutés, maltraités, et dans vouloir. Partout Jésus dit que celui qui ne prend pas sa croix, celui qui ne renonce pas aux avantages du monde, celui qui n'est pas prêt à supporter toutes les conséquences du commandement « *Ne résistez pas au mal* », ne peut devenir son disciple.

Jésus dit à ses disciples : Choisissez d'être pauvres ; supportez tout sans résister au mal, même si vous attirez ainsi sur vous la persécution, la souffrance et la mort.

Prêt à souffrir la mort plutôt que de résister au mal, il réprimanda le ressentiment de Pierre et mourut en exhortant ses disciples à ne pas résister et à rester toujours fidèles à sa doctrine. Les premiers disciples observaient cette règle et passaient leur vie dans la misère et la persécution, sans rendre le mal pour le mal.

Il semble donc que Jésus pensait précisément ce qu'il disait. Nous pouvons déclarer que la pratique d'une telle règle est très difficile ; on peut nier que celui qui le suit trouvera le bonheur ; on peut dire avec les incroyants que Jésus était un rêveur, un idéaliste qui proposait des maximes impraticables ; mais il est impossible de ne pas admettre qu'il a exprimé d'une manière à la fois claire et précise ce qu'il voulait dire ; c'est-à-dire que, selon sa doctrine, l'homme ne doit pas résister au mal, et par conséquent que quiconque adopte sa doctrine ne résistera pas au mal. Et pourtant, ni les croyants ni les incroyants n'admettront cette interprétation simple et claire des paroles de Jésus.

CHAPITRE II.

LORSQUE j'ai compris clairement les mots « *Ne résistez pas au mal* », ma conception de la doctrine de Jésus a été entièrement changée ; et j'étais étonné, non pas que je n'avais pas réussi à le comprendre auparavant, mais que je l'avais si étrangement mal compris. Je savais, comme nous le savons tous, que la véritable signification de la doctrine de Jésus résidait dans l'injonction d'aimer son prochain. Lorsque nous disons : « *Tendez l'autre joue* », « *Aimez vos ennemis* », nous exprimons l'essence même du christianisme. Je savais tout cela depuis mon enfance ; mais pourquoi n'avais-je pas bien compris ces simples mots ? Pourquoi avais-je toujours cherché une signification ultérieure ? « *Ne résistez pas au mal* » signifie ne jamais résister, ne jamais s'opposer à la violence ; ou, en d'autres termes, ne faites jamais rien de contraire à la loi de l'amour. Si quelqu'un profite de cette disposition et vous fait un affront, supportez l'affront, et surtout n'ayez pas recours à la violence. Jésus a dit cela avec des mots si clairs et si simples qu'il serait impossible d'exprimer l'idée plus clairement. Comment se fait-il alors qu'en croyant ou en essayant de croire que ce sont les paroles de Dieu, je maintienne encore l'impossibilité de leur obéir ? Si mon maître me dit : « Va, coupe du bois », et que je réponde : « C'est au-dessus de mes forces », je réponds de deux choses : ou bien je ne crois pas ce que dit mon maître, ou bien je ne veux pas le croire. obéissez à ses ordres. Dois-je alors dire du commandement de Dieu que je ne pourrais y obéir sans l'aide d'une puissance surnaturelle ? Dois-je dire cela sans avoir fait le moindre effort pour obéir ? On nous dit que Dieu est descendu sur terre pour sauver l'humanité ; que le salut a été assuré par la deuxième personne de la Trinité, qui a souffert pour les hommes, les rachetant ainsi du péché, et leur a donné l'Église comme sanctuaire pour la transmission de la grâce à tous les croyants ; mais à part cela, le Sauveur a donné aux hommes une doctrine et l'exemple de sa propre vie pour leur salut. Comment donc pourrais-je dire que les règles de vie que Jésus a formulées si clairement et si simplement pour chacun, comment pourrais-je dire que ces règles étaient difficiles à observer, qu'il était impossible d'y obéir sans le secours d'une puissance surnaturelle ? ? Jésus ne voyait pas une telle impossibilité ; il déclara clairement que ceux qui n'obéissaient pas ne pouvaient entrer dans le royaume de Dieu. Nulle part il n'a dit que l'obéissance serait difficile ; au contraire, il dit en tant de mots : « *Mon joug est doux et mon fardeau est léger* » (Matt. xi, 30). Et Jean, l'évangéliste, dit : « *Ses commandements ne sont pas pénibles* » (1 Jean, v. 3). Puisque Dieu a déclaré facile la pratique de sa loi, et qu'il l' a pratiquée lui -même sous forme humaine, ainsi que ses disciples, comment oserais-je parler de l'impossibilité de l'obéissance sans le secours d'une puissance surnaturelle ?

Si quelqu'un déployait toutes ses énergies pour renverser une loi, que pourrait-il dire de plus fort que que la loi était essentiellement impraticable, et que celui qui l'avait établie savait qu'elle était impraticable et inaccessible sans l'aide d'un pouvoir surnaturel ? Pourtant, c'est exactement ce à quoi je pensais à propos du commandement « *Ne résistez pas au mal* ». J'ai essayé de découvrir comment j'avais eu l'idée que la loi de Jésus était divine, mais qu'on ne pouvait pas lui obéir ; et en revoyant mon histoire passée, je m'aperçus que l'idée ne m'avait pas été communiquée dans toute sa grossièreté (elle m'aurait alors révolté), mais insensiblement j'en avais été imprégné dès l'enfance, et toute ma vie après. m'avait seulement confirmé mon erreur.

Dès mon enfance, on m'avait appris que Jésus était Dieu et que sa doctrine était divine, mais en même temps on m'avait appris à respecter comme sacrées les institutions qui me protégeaient de la violence et du mal. On m'a appris à résister au mal, qu'il était humiliant de se soumettre au mal et que la résistance était louable. On m'a appris à juger et à infliger des punitions. Puis on m'a appris le métier de soldat, c'est-à-dire résister au mal par l'homicide ; l'armée à laquelle j'appartenais s'appelait « l' armée christophile » et elle était envoyée avec une bénédiction chrétienne. De l'enfance à l'âge adulte, j'ai appris à vénérer les choses qui étaient en contradiction directe avec la loi de Jésus, à rencontrer un agresseur avec ses propres armes, à me venger par la violence de toutes les offenses faites à ma personne, à ma famille ou à ma race. Non seulement je n'ai pas été blâmé pour cela ; J'ai appris à considérer cela comme n'étant pas du tout contraire à la loi de Jésus. Tout ce qui m'entourait, ma sécurité personnelle et celle de ma famille et de mes biens, dépendait alors d'une loi que Jésus réprouvait, la loi « dent pour dent ». Mes instructeurs spirituels m'ont enseigné que la loi de Jésus était divine, mais, à cause de la faiblesse humaine, impossible à mettre en pratique, et que seule la grâce de Jésus-Christ pouvait nous aider à suivre ses préceptes. Et cette instruction était en accord avec ce que j'avais reçu dans les institutions laïques et de l'organisation sociale qui m'entourait. J'étais si profondément possédé par cette idée de l'impraticabilité de la doctrine divine, et elle s'harmonisait si bien avec mes désirs, que ce n'est qu'au moment de mon réveil que je me suis rendu compte de sa fausseté. Je ne voyais pas combien il était impossible de confesser Jésus et sa doctrine : « *Ne résistez pas au mal* », et en même temps de contribuer délibérément à l'organisation de la propriété, des tribunaux, des gouvernements, des armées ; contribuer à l'établissement d'un régime politique entièrement contraire à la doctrine de Jésus, et en même temps prier Jésus de nous aider à obéir à ses commandements, à pardonner nos péchés et à nous aider à ne pas résister au mal. Je ne voyais pas, ce qui m'est très clair maintenant, combien il serait plus simple d'organiser une manière de vivre conforme à la loi de Jésus, et ensuite de prier pour les tribunaux, et les massacres, et les guerres, et tout le reste. indispensable à notre bonheur.

J'ai ainsi compris la source de l'erreur dans laquelle j'étais tombé. J'avais confessé Jésus de mes lèvres, mais mon cœur était encore loin de lui. Le commandement « *Ne résistez pas au mal* » est le point central de la doctrine de Jésus ; ce n'est pas une simple affirmation verbale ; c'est une règle dont la pratique est obligatoire. C'est en vérité la clé de tout le mystère ; mais il faut pousser la clé jusqu'au fond de la serrure. Lorsque nous le considérons comme un commandement impossible à exécuter, la valeur de la doctrine tout entière est perdue. Pourquoi une doctrine ne semblerait-elle pas impraticable, alors que nous avons supprimé sa proposition fondamentale ? Il n'est pas étrange que les incroyants considèrent cela comme totalement absurde. Lorsque nous déclarons qu'on peut être chrétien sans observer le commandement « *Ne résistez pas au mal* », nous laissons simplement de côté le lien qui transmet la force de la doctrine de Jésus en action.

Il y a quelque temps, je lisais en hébreu le cinquième chapitre de Matthieu avec un rabbin juif. À presque chaque verset, le rabbin disait : « Ceci est dans la Bible » ou « Ceci est dans le Talmud », et il m'a montré dans la Bible et dans le Talmud des phrases très semblables aux déclarations du Sermon sur la Montagne. Lorsque nous sommes arrivés aux mots « *Ne résistez pas au mal* », le rabbin n'a pas dit : « Ceci est dans le Talmud », mais il m'a demandé en souriant : « Les chrétiens obéissent-ils à cet ordre ? Est-ce qu'ils tendent l'autre joue ? " Je n'avais rien à répondre, d'autant qu'à cette époque-là les chrétiens, loin de tendre l'autre joue, frappaient les juifs sur les deux joues. Je lui ai demandé s'il y avait quelque chose de similaire dans la Bible ou dans le Talmud. "Non," répondit-il, "il n'y a rien de tel ; mais dites-moi, les chrétiens obéissent-ils à cette loi ?" C'était seulement une autre façon de dire que la présence dans la doctrine chrétienne d'un commandement que personne n'observait et que les chrétiens eux-mêmes regardaient comme impraticable, n'est qu'un aveu de la folie et de la nullité de cette loi. Je ne pouvais rien répondre au rabbin.

Maintenant que je comprends le sens exact de la doctrine, je vois clairement la position étrangement contradictoire dans laquelle je me trouvais. Ayant reconnu la divinité de Jésus et de sa doctrine, et ayant en même temps organisé une vie tout à fait contraire à cette doctrine, que me restait-il à considérer la doctrine comme impraticable ? En paroles, j'avais reconnu la doctrine de Jésus comme sacrée ; dans mes actions, j'avais professé une doctrine pas du tout chrétienne, et j'avais reconnu et vénéré les coutumes antichrétiennes qui entravaient ma vie de toutes parts. Le message persistant de l'Ancien Testament est que le malheur est arrivé au peuple hébreu parce qu'il croyait en de faux dieux et renié Jéhovah. Samuel (I. viii.-xii.) accuse le peuple d'ajouter à ses autres apostasies le choix d'un homme dont il dépendait pour sa délivrance au lieu de Jéhovah, qui était son véritable roi. « Ne *vous* détournez pas après des choses vaines », dit Samuel au peuple (I. XII.

21) ; "Ne vous détournez pas après des choses vaines, qui ne peuvent ni profiter ni délivrer, car elles sont *vaines* ." "Craignez Jéhovah et servez-le... Mais si vous continuez à faire le mal, vous serez consumés, vous et votre roi" (I. XII. 24, 25). Et ainsi chez moi, la foi en *tohu* , en choses vaines, en idoles vides, m'avait caché la vérité. Sur le chemin qui menait à la vérité, *tohu* , l'idole des choses vaines, se levait devant moi, coupant la lumière, et je n'avais pas la force de l'abattre.

Un certain jour, à cette heure-là, je me promenais dans Moscou vers la porte Borovitzky , où se tenait un vieux mendiant boiteux, la tête enveloppée d'un linge sale. J'ai sorti ma bourse pour faire l'aumône ; mais au même moment je vis un jeune soldat sortir à grands pas du Kremlin, la tête haute, le visage rouge, portant les insignes d'État de la dignité militaire. Le mendiant, en apercevant le soldat, se leva effrayé et courut de toutes ses forces vers le jardin Alexandre. Le soldat, après une vaine tentative pour rejoindre le fugitif, s'arrêta en criant une imprécation contre le pauvre malheureux qui s'était établi sous la porte contrairement aux règlements. J'ai attendu le soldat. Lorsqu'il m'a approché, je lui ai demandé s'il savait lire.

"Oui, pourquoi est-ce que tu demandes?"

"Avez-vous lu le Nouveau Testament ?"

"Oui."

« Et vous souvenez-vous des mots : « Si ton ennemi a faim, nourris-le... » ?

J'ai répété le passage. Il s'en souvint et m'écouta jusqu'au bout. J'ai vu qu'il était inquiet. Deux passants se sont arrêtés et ont écouté. Le soldat semblait inquiet à l'idée d'être condamné pour avoir accompli son devoir en chassant des personnes d'un endroit où il leur était interdit de s'attarder. Il se croyait en faute et cherchait une excuse. Soudain, son œil s'éclaira ; il m'a regardé par-dessus son épaule, comme s'il allait s'éloigner.

"Et le règlement militaire, est-ce que vous en savez quelque chose ?" il a ordonné.

"Non J'ai dit.

— Dans ce cas, vous n'avez rien à me dire, rétorqua-t-il avec un hochement de tête triomphant, et levant de nouveau son panache, il s'éloigna vers son poste. C'était le seul homme que j'aie jamais rencontré qui ait résolu, avec une logique inflexible, la question qui m'a éternellement posé dans les relations sociales, et qui se pose continuellement devant tout homme qui se dit chrétien.

CHAPITRE III.

NOUS avons tort de dire que la doctrine chrétienne ne s'intéresse qu'au salut de l'individu et n'a rien à voir avec les questions d'État. Une telle affirmation n'est qu'une affirmation audacieuse d'un mensonge qui, lorsqu'on l'examine sérieusement, tombe d'elle-même par terre. C'est bien (c'est ce que j'ai dit) ; Je ne résisterai pas au mal ; Je tendrai l'autre joue dans la vie privée ; mais ici vient l'ennemi, ou ici c'est une nation opprimée, et je suis appelé à faire ma part dans la lutte contre le mal, à sortir et à tuer. Je dois décider de la question : servir Dieu ou *Tohu* , faire la guerre ou ne pas y aller. Peut-être suis-je un paysan ; Je suis nommé maire d'un village, juge, juré ; Je suis obligé de prêter serment, de juger, de condamner. Que dois-je faire ? Encore une fois, je dois choisir entre la loi divine et la loi humaine. Peut-être suis-je un moine vivant dans un monastère ; les paysans voisins empiètent sur nos pâturages, et je suis chargé de résister au mal, de plaider pour la justice contre les malfaiteurs. Encore une fois, je dois choisir. C'est un dilemme auquel aucun homme ne peut échapper.

Je ne parle pas de ceux dont la vie entière est consacrée à résister au mal, comme autorités militaires, juges ou gouverneurs. Nul n'est si obscur qu'il ne soit obligé de choisir entre le service de Dieu et le service de *tohu* , dans sa relation à l'État. Mon existence même, mêlée à celle de l'État et à l'existence sociale organisée par l'État, exige de moi une activité antichrétienne directement contraire aux commandements de Jésus. En fait, avec la conscription et le service obligatoire de juré, ce dilemme impitoyable se pose devant tout le monde. Tout le monde est obligé de prendre des armes meurtrières ; et même s'il n'arrive pas jusqu'au meurtre, il faut que ses armes soient prêtes, sa carabine chargée et son épée tranchante, pour qu'il puisse se déclarer prêt au meurtre. Chacun est contraint de se mettre au service des tribunaux pour participer au prononcé des jugements et des peines ; c'est-à-dire nier le commandement de Jésus : « *Ne résistez pas au mal* », en actes comme en paroles.

Le problème du soldat, l'Évangile ou les règlements militaires, la loi divine ou la loi humaine, se posent aujourd'hui à l'humanité comme à l'époque de Samuel. Cela a été imposé à Jésus et à ses disciples ; elle est imposée en ces temps à tous ceux qui souhaitent être chrétiens ; et cela m'a été imposé.

La loi de Jésus, avec sa doctrine d'amour, d'humilité et d'abnégation, a touché mon cœur plus profondément que jamais. Mais partout, dans les annales de l'histoire, dans les événements qui se déroulaient autour de moi, dans ma vie individuelle, je voyais la loi opposée d'une manière révoltante au sentiment, à la conscience et à la raison, et encourageante aux instincts brutaux. Je sentais que si j'adoptais la loi de Jésus, je devrais être seul ; Je passerais bien des heures malheureuses ; Je devrais être persécuté et affligé comme Jésus l'avait dit. Mais si j'adoptais la loi humaine, tout le monde l'approuverait ; Je devrais être en paix et en sécurité, avec toutes les ressources de la civilisation à ma disposition pour apaiser ma conscience. Comme Jésus l'a dit, je devrais rire et être heureux. J'ai ressenti tout cela et je n'ai donc pas analysé le sens de la doctrine de Jésus, mais j'ai cherché à la comprendre de telle manière qu'elle n'interfère pas avec ma vie d'animal. Autrement dit, je ne souhaitais pas du tout le comprendre. Cette détermination à ne pas comprendre m'a conduit à des illusions qui me stupéfient désormais. À titre d'exemple, permettez-moi d'expliquer ma compréhension antérieure de ces mots : -

« *Ne jugez pas, afin que vous ne soyez pas jugés.* » (Matthieu VII, 1.)

« *Ne jugez pas, et vous ne serez pas jugés ; ne condamnez pas, et vous ne serez pas condamnés.* » (Luc VI, 37.)

Les tribunaux dans lesquels je servais et qui assuraient la sécurité de mes biens et de ma personne semblaient être des institutions si incontestablement sacrées et si entièrement conformes à la loi divine, qu'il ne m'était jamais venu à l'esprit que les paroles que j'ai citées pouvaient n'a d'autre sens qu'une injonction de ne pas dire du mal de son prochain. Il ne m'est jamais venu à l'esprit que Jésus parlait ainsi des tribunaux de la loi et de la justice humaines. Ce n'est que lorsque j'ai compris le vrai sens des mots : « *Ne résistez pas au mal* », que la question s'est posée quant aux conseils de Jésus concernant les tribunaux. Quand j'ai compris que Jésus allait les dénoncer, je me suis demandé : n'est-ce pas là le vrai sens : non seulement ne juge pas ton prochain, ne dis pas de mal de lui, mais ne le juge pas devant les tribunaux, ne le juge en aucun cas. des tribunaux que vous avez institués ? Or, dans Luc (vi. 37-49), ces paroles suivent immédiatement la doctrine qui nous exhorte à ne pas résister au mal et à faire du bien à nos ennemis. Et après l'injonction : « *Soyez donc miséricordieux, comme votre Père aussi est miséricordieux* », Jésus dit : « *Ne jugez pas, et vous ne serez pas jugés ; ne condamnez pas, et vous ne serez pas condamnés* ». « *Ne jugez pas* ; » cela ne veut-il pas dire : n'instituez pas de tribunaux pour le jugement de votre prochain ? Il me suffisait de le présenter hardiment devant moi, lorsque le cœur et la raison s'unirent dans une réponse affirmative.

Pour montrer combien j'étais auparavant loin de la véritable interprétation, j'avouerai une plaisanterie stupide dont je rougis encore. Lorsque je lisais le Nouveau Testament comme un livre divin, au moment où j'étais devenu croyant, j'avais l'habitude de dire à mes amis qui étaient juges ou avocats : « Et vous jugez toujours, bien qu'il soit dit : « Jugez ». non, et vous ne serez pas jugés ? » J'étais si sûr que ces paroles ne pouvaient avoir d'autre sens qu'une condamnation du mal-parler, que je ne comprenais pas l'horrible blasphème que je commettais ainsi. J'étais si profondément convaincu que ces mots ne voulaient pas dire ce qu'ils voulaient dire, que je les ai cités dans leur vrai sens, sous forme de plaisanterie.

Je raconterai en détail comment tout doute sur le vrai sens de ces paroles s'est effacé de mon esprit, et comment j'ai vu qu'elles voulaient dire que Jésus dénonçait l'institution de tous les tribunaux humains, de quelque sorte qu'ils soient ; qu'il avait l'intention de le dire et qu'il n'aurait pas pu s'exprimer autrement. Quand j'ai compris le commandement : « *Ne résistez pas au mal* », dans son sens propre, la première chose qui m'est venue à l'esprit, c'est que les tribunaux, au lieu de se conformer à cette loi, s'y opposaient directement, et même à toute la doctrine ; et donc que si Jésus avait pensé aux tribunaux, il les aurait condamnés.

Jésus a dit : « *Ne résistez pas au mal* » ; le seul but des tribunaux est de résister au mal. Jésus nous a exhorté à rendre le bien pour le mal ; les tribunaux rendent le mal pour le mal. Jésus a dit que nous ne devions faire aucune distinction entre ceux qui font le bien et ceux qui font le mal ; les tribunaux ne font rien d'autre. Jésus a dit : Pardonnez, ne pardonnez pas une ou sept fois, mais sans limite ; aimez vos ennemis, faites du bien à ceux qui vous haïssent ; mais les tribunaux ne pardonnent pas, ils punissent ; ils ne rendent pas le bien mais le mal à ceux qu'ils considèrent comme les ennemis de la société. Il semblerait donc que Jésus ait dénoncé les institutions judiciaires. Peut-être (ai-je dit) que Jésus n'a jamais rien eu à voir avec les tribunaux et n'y a donc pas pensé. Mais j'ai vu qu'une telle théorie n'était pas tenable. Jésus, depuis son enfance jusqu'à sa mort, s'est occupé des tribunaux d'Hérode, du Sanhédrin et des Grands Prêtres. J'ai vu que Jésus devait considérer les tribunaux comme erronés. Il dit à ses disciples qu'ils seraient traînés devant les juges et leur donna des conseils sur la manière dont ils devaient se comporter. Il a dit de lui-même qu'il devait être condamné par un tribunal, et il a montré quelle devait être l'attitude envers les juges. Jésus a donc dû penser aux institutions judiciaires qui l'ont condamné, lui et ses disciples ; qui ont condamné et continuent de condamner des millions d'hommes.

Jésus a vu le mal et y a fait face. Alors que la sentence contre la femme adultère était sur le point d'être exécutée, il niait absolument la possibilité d'une justice humaine, et démontrait que l'homme ne pouvait pas être juge puisque l'homme lui-même était coupable. Et cette idée, il l'a avancée à plusieurs reprises, comme lorsqu'il est déclaré que celui qui a une poutre dans l'œil ne peut pas voir la paille dans l'œil d'autrui, ou que l'aveugle ne peut pas conduire l'aveugle. Il a même souligné les conséquences de telles idées fausses : le disciple serait au-dessus de son Maître.

Peut-être, cependant, après avoir dénoncé l'incompétence de la justice humaine, manifestée dans le cas de la femme adultère, ou illustrée dans la parabole de la paille et de la poutre ; peut-être, après tout, Jésus admettrait-il un appel à la justice des hommes là où cela était nécessaire pour se protéger contre le mal ; mais je vis bientôt que c'était inadmissible. Dans le Sermon sur la Montagne, il dit, s'adressant à la multitude :

" *Et si quelqu'un veut te poursuivre en justice et t'enlever ta tunique, qu'il ait aussi ton manteau.* " (Matt. v. 40.)

Une fois de plus, peut-être Jésus n'a-t-il parlé que de l'attitude personnelle qu'un homme doit avoir lorsqu'il est traduit devant les institutions judiciaires, et n'a-t-il pas condamné la justice, mais a-t-il admis la nécessité, dans une société chrétienne, d'individus qui jugent les autres dans des formes convenablement constituées. Mais j'ai vu que ce point de vue était également inadmissible. Lorsqu'il priait, Jésus suppliait tous les hommes, sans exception, de pardonner aux autres, afin que leurs propres offenses soient pardonnées. C'est une pensée qu'il exprime souvent. Celui qui apporte son don à l'autel par la prière doit d'abord accorder le pardon. Comment, alors, un homme pourrait-il juger et condamner quand sa religion lui ordonne de pardonner toutes ses offenses, sans limite ? J'ai donc vu que selon la doctrine de Jésus, aucun juge chrétien ne pouvait prononcer une condamnation.

Mais la relation entre les mots « *Ne jugez pas, et vous ne serez pas jugés* » et les passages précédents ou ultérieurs ne nous permettrait-elle pas de conclure que Jésus, en disant « *Ne jugez pas* », n'avait aucune référence aux institutions judiciaires ? Non; cela ne pouvait pas être ainsi ; au contraire, il ressort clairement du rapport des phrases qu'en disant « *Ne jugez pas* », Jésus parlait effectivement d'institutions judiciaires. Selon Matthieu et Luc, avant de dire « *Ne jugez pas, ne condamnez pas* », son commandement était de ne pas résister au mal. Et avant cela, comme nous le dit Matthieu, il répétait l'ancienne loi pénale des Juifs : « *Œil pour œil et dent pour dent* ». Puis, après cette référence à l'ancienne loi pénale, il ajouta : « *Mais je vous le dis, ne résistez pas au mal* » ; et ensuite : « *Ne jugez pas* ». Jésus se référa donc directement au droit pénal humain et le réprimanda en ces termes : « *Ne jugez pas* ». De plus, selon Luc, il a non seulement dit : « *Ne jugez pas* », mais aussi : « *Ne condamnez pas* ». Ce n'est pas sans intention qu'il ajouta ce mot presque synonyme ; il montre clairement quel sens il convient d'attribuer à l'autre. S'il avait voulu dire « Ne jugez pas votre prochain », il aurait dit « voisin » ; mais il ajouta les mots qui se traduisent par « *Ne condamnez pas* », puis compléta la phrase : « *Et vous ne serez pas condamnés : pardonnez, et vous serez pardonnés* ». Mais certains peuvent encore insister sur le fait que Jésus, en s'exprimant ainsi, ne faisait aucune référence aux tribunaux, et que j'ai lu mes propres pensées dans ses enseignements. Laissons les apôtres nous dire ce qu'ils pensaient des tribunaux, et s'ils les reconnaissaient et les approuvaient. L'apôtre Jacques dit (iv. 11, 12) :

" Ne *dites pas du mal les uns des autres, frères. Celui qui dit du mal de son frère et juge son frère, dit du mal de la loi et juge la loi. Mais si tu juges la loi, tu n'es pas un observateur de la loi. mais un juge. Il y a un seul législateur, qui peut sauver et détruire : qui es-tu pour en juger un autre ?*

Le mot traduit par « dire du mal » est le verbe καταλα λέω , qui signifie « parler contre, accuser » ; telle est sa véritable signification, comme chacun peut le découvrir par lui-même en ouvrant un dictionnaire. Dans la traduction, nous lisons : « *Celui qui dit du mal de son frère… dit du mal de la loi* ». Pourquoi ? est la question qui se pose involontairement. Je peux dire du mal de mon frère, mais je ne dis pas du mal de la loi pour autant. Mais si j'accuse *mon* frère, si je le traduis en justice, il est clair que j'accuse par là même la loi de Jésus d'insuffisance : j'accuse et je juge la loi. Il est donc clair que je ne pratique pas le droit, mais que je me fais juge du droit. " *Non pas juger, mais sauver* ", telle est la déclaration de Jésus. Comment donc, moi qui ne peux pas sauver, devenir juge et punir ? Le passage entier fait référence à la justice humaine et nie son autorité. Toute l'épître est imprégnée de la même idée. Dans le deuxième chapitre, nous lisons :

« *Car celui qui n'a fait preuve d'aucune miséricorde aura un jugement sans miséricorde, et la miséricorde est élevée au-dessus du jugement.* » [2] (Jacques 2. 13.)

(La dernière phrase a été traduite de manière à déclarer que le jugement est compatible avec le christianisme, mais qu'il doit être miséricordieux.)

Jacques exhorte ses frères à n'avoir aucun respect pour les personnes. Si vous respectez la condition des personnes, vous êtes coupable de péché ; vous êtes comme les juges des tribunaux indignes de confiance. Vous considérez le mendiant comme un rebut de la société, alors que c'est le riche qui devrait être ainsi considéré. C'est Lui qui vous opprime et vous entraîne devant les sièges du jugement. Si vous vivez selon la loi de l'amour du prochain, selon la loi de miséricorde (que Jacques appelle « *la loi de la liberté* », pour la distinguer de toutes les autres), si vous vivez selon cette loi, c'est bien. Mais si vous respectez les personnes, vous transgressez la loi de miséricorde. Puis (pensant sans doute au cas de la femme adultère, qui, lorsqu'elle fut amenée devant Jésus, était sur le point d'être mise à mort selon la loi), pensant sans doute à ce cas, Jacques dit que celui qui inflige la mort à la femme adultère serait lui-même coupable de meurtre, et transgresserait ainsi la loi éternelle ; car la même loi interdit l'adultère et le meurtre.

« *Parlez ainsi et agissez comme ceux qui doivent être jugés selon la loi de la liberté. Car celui qui n'a fait preuve d'aucune miséricorde aura un jugement sans miséricorde, et la miséricorde est élevée au-dessus du jugement.* » (Jacques 2. 12, 13.)

L'idée pourrait-elle être exprimée en termes plus clairs et plus précis ? Le respect des personnes est interdit, ainsi que tout jugement qui qualifierait les personnes de bonnes ou de mauvaises ; le jugement humain est déclaré inévitablement défectueux, et un tel jugement est dénoncé comme criminel lorsqu'il condamne pour crime ; le jugement est effacé par la loi éternelle, la loi de miséricorde.

J'ouvre les épîtres de Paul, qui avait été victime des tribunaux, et dans la lettre aux Romains je lis les remontrances de l'apôtre pour les vices et les erreurs de ceux à qui s'adressent ses paroles ; entre autres choses, il parle des tribunaux :

« Qui, connaissant le jugement de Dieu, selon lequel ceux qui commettent de telles choses sont dignes de mort, non seulement font de même, mais prennent plaisir à ceux qui les font. » (Rom. I . 32.)

" C'est pourquoi tu es inexcusable, ô homme, qui que tu sois qui juge : car ce que tu juges autrui, tu te condamnes toi-même ; car toi qui juges fait les mêmes choses. " (Rom. ii. 1.)

« Ou méprises- tu les richesses de sa bonté, de sa patience et de sa longanimité, sans savoir que la bonté de Dieu te conduit à la repentance ? » (Rom. 2, 4.)

Telle était l'opinion des apôtres à l'égard des tribunaux, et nous savons que la justice humaine était parmi les épreuves et les souffrances qu'ils enduraient avec fermeté et résignation à la volonté de Dieu. Quand on pense à la situation des premiers chrétiens, entourés d'incroyants, on peut comprendre qu'un déni du droit de juger les chrétiens persécutés devant les tribunaux n'était pas envisagé. Les apôtres n'en parlaient qu'incidemment comme d'un mal, et niaient son autorité à chaque occasion.

J'ai examiné les enseignements des premiers Pères de l'Église et je les ai trouvés d'accord pour n'obliger personne à juger ou à condamner, et pour exhorter tous à supporter les inflictions de la justice. Les martyrs, par leurs actes, se sont déclarés du même avis. J'ai vu que le christianisme avant Constantin ne regardait les tribunaux que comme un mal qu'il fallait supporter avec patience ; mais aucun des premiers chrétiens n'aurait jamais pensé qu'il pouvait participer à l'administration des tribunaux. Il est donc clair que les paroles de Jésus : *« Ne jugez pas, ne condamnez pas »*, ont été comprises par ses premiers disciples, comme elles devraient l'être maintenant, dans leur sens direct et littéral : ne jugez pas devant les tribunaux ; n'y prenez aucune part.

Tout cela semblait absolument corroborer ma conviction que les mots : *« Ne jugez pas, ne condamnez pas »* se référaient à la justice des tribunaux. Pourtant le sens « Ne dites pas du mal de votre prochain » est si fermement établi, et les tribunaux affichent leurs arrêts avec tant d'assurance et d'audace dans toutes les sociétés chrétiennes, avec le soutien même de l'Église, que pendant longtemps encore Je doutais de la sagesse de mon interprétation. Si les hommes ont compris les mots de cette façon (je pensais) et ont institué des tribunaux chrétiens, ils doivent certainement avoir une raison pour le faire ; il doit y avoir une bonne raison de considérer ces paroles comme une dénonciation du mal parler, et il y a certainement une base quelconque pour l'institution de tribunaux chrétiens ; peut-être, après tout, ai-je tort.

Je me suis tourné vers les commentaires de l'Église. En tout, à partir du cinquième siècle, j'ai trouvé que l'interprétation invariable était : « N'accusez pas votre prochain » ; c'est-à-dire, évitez de dire du mal. Comme les mots en vinrent à être compris exclusivement dans ce sens, une difficulté surgit : comment s'abstenir de juger ? Comme il est impossible de ne pas condamner le mal, tous les commentateurs ont discuté de la question : qu'est-ce qui est blâmable et qu'est-ce qui ne l'est pas ? Certains, comme Chrysostome et Théophylacte , disaient que, en ce qui concerne les serviteurs de l'Église, cette phrase ne pouvait pas être interprétée comme une interdiction de censure, puisque les apôtres eux-mêmes étaient censeurs. D'autres ont dit que Jésus faisait sans doute référence aux Juifs, qui accusaient leurs voisins de défauts et étaient eux-mêmes coupables de grands péchés.

Nulle part un mot sur les institutions humaines, sur les tribunaux, pour montrer à quel point ils ont été affectés par l'avertissement : « *Ne jugez pas* ». Jésus a-t-il sanctionné les tribunaux, ou non ? A cette question si naturelle, je ne trouvai aucune réponse, comme s'il était évident qu'à partir du moment où un chrétien prend place sur le banc du juge, il peut non seulement juger son prochain, mais le condamner à mort.

Je me suis tourné vers d'autres écrivains, grecs, catholiques, protestants, vers l' école de Tübingen , vers l'école historique. Partout, même par les commentateurs les plus libéraux, les propos en question ont été interprétés comme une injonction contre les propos médisants.

Mais pourquoi, contrairement à l'esprit de toute la doctrine de Jésus, ces paroles sont-elles interprétées d'une manière si étroite qu'elles excluent les tribunaux de l'injonction : « *Ne jugez pas* » ? Pourquoi supposer que Jésus, en interdisant l'offense relativement légère de dire du mal de son prochain, n'a pas interdit, n'a même pas pris en compte le jugement plus délibéré qui aboutit à une punition infligée au condamné ? À tout cela, je n'ai reçu aucune réponse ; pas même une allusion à la moindre possibilité que les mots « juger » puissent être utilisés pour désigner une cour de justice, les tribunaux dont tant de millions de personnes ont souffert.

De plus, lorsqu'on parle de ces mots : « *Ne jugez pas, ne condamnez pas* », la cruauté de juger dans les tribunaux est passée sous silence, ou bien louée. Les commentateurs déclarent tous que dans les sociétés chrétiennes les tribunaux sont nécessaires et nullement contraires à la loi de Jésus.

En réalisant cela, j'ai commencé à douter de la sincérité des commentateurs ; et j'ai fait ce que j'aurais dû faire en premier lieu ; Je me suis tourné vers les traductions textuelles des mots que nous rendons « juger » et « condamner ». Dans l'original, ces mots sont κρίνω et κατα δικάζω . La traduction défectueuse dans Jacques de καταλα λέω , qui se traduit par « dire du mal », a renforcé mes doutes quant à la traduction correcte des autres. En parcourant différentes versions des Évangiles, j'ai trouvé κατα δικάζω rendu dans la Vulgate par *condamnare* , « condamner » ; dans le texte slave, le rendu est équivalent à celui de la Vulgate ; Luther a *verdammen* , « dire du mal ». Ces interprétations divergentes ont accru mes doutes, et j'ai été obligé de demander à nouveau le sens de κρίνω , tel qu'utilisé par les deux évangélistes, et de κατα δικάζω , tel qu'utilisé par Luc qui, nous disent les savants, a écrit un grec très correct.

Comment ces paroles seraient-elles traduites par un homme qui ne connaissait rien du credo évangélique et qui n'avait sous les yeux que les phrases dans lesquelles elles sont utilisées ?

En consultant le dictionnaire, j'ai découvert que le mot κρίνω avait plusieurs sens différents, parmi les plus utilisés étant « condamner devant un tribunal de justice », et même « condamner à mort », mais en aucun cas il ne signifiait « dire du mal » ". J'ai consulté un dictionnaire grec du Nouveau Testament et j'ai découvert que ce mot était souvent utilisé dans le sens de « condamner devant un tribunal », parfois dans le sens de « choisir », jamais dans le sens de « dire du mal ». D'où j'ai déduit que le mot κρίνω pouvait être traduit de différentes manières, mais que la traduction « dire du mal » était la plus forcée et la plus tirée par les cheveux.

J'ai cherché le mot κατα δικάζω , qui suit κρίνω , évidemment pour définir plus précisément le sens dans lequel ce dernier doit être compris. J'ai cherché κατα δικάζω dans le dictionnaire, et j'ai trouvé que cela n'avait d'autre signification que « condamner en jugement » ou « juger digne de mort ». J'ai découvert que le mot était utilisé quatre fois dans le Nouveau Testament, chaque fois dans le sens de « condamner sous peine, juger digne de mort ». Dans Jacques (verset 6), nous lisons : « *Vous avez condamné et tué le juste* ». Le mot rendu « condamné » est ce même κατα δικάζω , et est utilisé en référence à Jésus, qui a été condamné à mort par un tribunal. Le mot n'est jamais utilisé dans un autre sens, dans le Nouveau Testament ou dans tout autre écrit en langue grecque.

Que dire alors de tout cela ? Ma conclusion est-elle stupide ? Tous ceux qui considèrent le sort de l'humanité ne sont-ils pas remplis d'horreur devant les souffrances infligées à l'humanité par l'application des codes criminels, fléau pour ceux qui condamnent comme pour les condamnés, depuis les massacres de Gengis Khan jusqu'à ceux de la Révolution française et les exécutions de notre époque ? Il serait en effet sans compassion qui pourrait s'abstenir d'éprouver de l'horreur et de la répulsion, non seulement à la vue des êtres humains ainsi traités par leurs semblables, mais au simple récit de la mort infligée par le knout, la guillotine ou le gibet.

L'Evangile, dont chaque parole vous est sacrée, déclare distinctement et sans équivoque : « Vous avez depuis longtemps une loi criminelle, Œil pour œil, dent pour dent ; mais une loi nouvelle vous est donnée, Pour que vous Ne résistez pas au mal. Obéissez à cette loi ; ne rendez pas le mal pour le mal, mais faites du bien à chacun , pardonnez à chacun, en toutes circonstances. Plus loin vient l'injonction : « *Ne jugez pas* », et pour que ces paroles ne soient pas mal comprises, Jésus a ajouté : « *Ne condamnez pas* , ne condamnez pas avec justice les crimes d'autrui.

« Plus d'arrêts de mort », dit une voix intérieure ; « plus d'arrêts de mort », dit la voix de la science ; "le mal ne peut pas supprimer le mal". La Parole de Dieu, en laquelle je croyais, me disait la même chose. Et quand, en lisant la doctrine, j'en suis arrivé aux mots : « *Ne condamnez pas, et vous ne serez pas condamnés : pardonnez, et vous serez pardonnés* », pouvais-je les considérer comme signifiant simplement que je ne devais pas me livrer aux commérages et aux commérages. mal parler, et devrais-je continuer à considérer les tribunaux comme une institution chrétienne, et moi -même comme un juge chrétien ?

J'étais saisi d'horreur devant la grossièreté de l'erreur dans laquelle j'étais tombé.

CHAPITRE IV.

J'AI MAINTENANT compris les paroles de Jésus : « *Vous avez entendu qu'il a été dit : Œil pour œil et dent pour dent ; mais moi, je vous le dis, ne résistez pas au mal.* » La signification de Jésus est : « Vous avez cru agir de manière raisonnable en vous défendant par la violence contre le mal, en arrachant œil pour œil, en luttant contre le mal avec les tribunaux criminels, les gardiens de la paix, les armées mais je vous dis : Renoncez ; la violence ; n'ayez rien à voir avec la violence ; ne faites de mal à personne, pas même à votre ennemi. Je comprends maintenant qu'en disant « *Ne résistez pas au mal* », Jésus non seulement nous dit ce qui résulterait de l'observance de cette règle, mais établit une nouvelle base de société conforme à sa doctrine et opposée à la base sociale établie par la loi de Moïse. , par le droit romain, et par les différents codes en vigueur aujourd'hui. Il a formulé une nouvelle loi dont l'effet serait de délivrer l'humanité des malheurs qu'elle s'est elle-même infligés. Sa déclaration était : « Vous croyez que vos lois réforment les criminels ; en réalité, elles ne font que créer davantage de criminels. Il n'y a qu'une seule façon de supprimer le mal, c'est de rendre le bien pour le mal, sans respect des personnes. Cela fait des années que vous avez essayé l'autre méthode ; maintenant, essayez la mienne, essayez l'inverse.

Il est étrange de dire que ces derniers jours, j'ai parlé avec différentes personnes de ce commandement de Jésus : « *Ne résistez pas au mal* », et j'ai rarement trouvé quelqu'un qui partageait mon opinion ! Deux classes d'hommes n'admettraient jamais, même implicitement, l'interprétation littérale de la loi. Ces hommes se trouvaient aux pôles extrêmes de l'échelle sociale : c'étaient les patriotes chrétiens conservateurs qui maintenaient l'infaillibilité de l'Église, et les révolutionnaires athées. Aucune de ces deux classes n'était disposée à renoncer au droit de résister par la violence à ce qu'elles considéraient comme le mal. Et les plus sages et les plus intelligents d'entre eux ne reconnaîtraient pas la vérité simple et évidente : si nous admettons une fois le droit de tout homme de résister par la violence à ce qu'il considère comme le mal, tout autre homme a également le droit de résister par la violence à ce qu'il considère comme le mal. considère comme un mal.

Il n'y a pas si longtemps, j'avais entre les mains une correspondance intéressante entre un slavophile orthodoxe et un révolutionnaire chrétien. L'un prônait la violence en tant que partisan d'une guerre pour le soulagement des frères Slaves en esclavage ; l'autre, en tant que partisan de la révolution, au nom de nos frères la paysannerie russe opprimée. Tous deux invoquaient la violence et chacun se basait sur la doctrine de Jésus. La doctrine de Jésus est comprise de cent manières différentes ; mais jamais, malheureusement, de la manière simple et directe qui s'harmonise avec le sens inévitable des paroles de Jésus.

Notre tissu social tout entier est fondé sur des principes que Jésus a réprimandés ; nous ne souhaitons pas comprendre sa doctrine dans son acceptation simple et directe, et pourtant nous nous assurons, ainsi que les autres, que nous suivons sa doctrine, ou bien que sa doctrine ne nous convient pas. Les croyants professent que le Christ en tant que Dieu, la deuxième personne de la Trinité, est descendu sur terre pour enseigner aux hommes par son exemple comment vivre ; ils passent par les cérémonies les plus élaborées pour la consommation des sacrements, la construction des temples, l'envoi des missionnaires, l'établissement des sacerdoces, pour l'administration paroissiale, pour l'accomplissement des rituels ; mais ils oublient un petit détail : la pratique des commandements de Jésus. Les incroyants s'efforcent par tous les moyens d'organiser leur existence indépendamment de la doctrine de Jésus, ayant décidé *a priori* que cette doctrine ne compte pas. Mais s'efforcer de mettre en pratique ses enseignements, chacun s'y refuse ; et le pire est que, sans aucune tentative de les mettre en pratique, croyants et incroyants décident *a priori* que cela est impossible.

Jésus a dit simplement et clairement que la loi de la résistance au mal par la violence, qui est devenue la base de la société, est fausse et contraire à la nature de l'homme ; et il donna une autre base, celle de la non-résistance au mal, loi qui, selon sa doctrine, délivrerait l'homme du mal. « Vous croyez » (dit-il en substance) « que vos lois, qui recourent à la violence, corrigent le mal ; pas du tout ; elles ne font que l'augmenter. Pendant des milliers d'années vous avez essayé de détruire le mal par le mal, et vous n'avez pas détruit. vous l'avez seulement augmenté. Faites ce que je vous commande, suivez mon exemple, et vous saurez que ma doctrine est vraie. Non seulement en paroles, mais aussi par ses actes, par sa mort, Jésus a exposé sa doctrine : « *Ne résistez pas au mal* ».

Les croyants écoutent tout cela. Ils l'entendent dans leurs églises, persuadés que les paroles sont divines ; ils adorent Jésus comme Dieu, puis ils disent : « Tout cela est admirable, mais c'est impossible ; la société étant organisée aujourd'hui, cela dérangerait toute notre existence, et nous serions obligés d'abandonner les coutumes qui nous sont si chères. Nous croyons tout cela, mais seulement dans ce sens : c'est l'idéal vers lequel l'humanité doit tendre ; l'idéal qui doit être atteint par la prière et en croyant aux sacrements, à la rédemption et à la résurrection. des morts."

Les autres, les incroyants, les libres penseurs qui commentent la doctrine de Jésus, les historiens des religions, les Strauss , les Renan , — complètement imbus des enseignements de l'Église, qui dit que la doctrine de Jésus s'accorde difficilement avec nos conceptions de la vie, — dites-nous très sérieusement que la doctrine de Jésus est la doctrine d'un visionnaire, la consolation des esprits faibles ; que tout cela était très bien prêché dans les cabanes des pêcheurs de Galilée ; mais que pour nous ce n'est que le doux rêve de celui que Renan appelle le « charmant docteur ."

Selon eux, Jésus ne pouvait pas atteindre les sommets de sagesse et de culture atteints par notre civilisation. S'il avait été au niveau intellectuel de ses critiques modernes, il n'aurait jamais prononcé ses charmantes absurdités sur les oiseaux du ciel, le fait de tendre l'autre joue, de ne pas penser au lendemain. Ces critiques historiques jugent de la valeur du christianisme d'après ce qu'ils en voient tel qu'il existe aujourd'hui. Le christianisme de notre époque et de notre civilisation approuve la société telle qu'elle est aujourd'hui, avec ses cellules de prison, ses usines, ses maisons d'infamie, ses parlements ; mais quant à la doctrine de Jésus, qui s'oppose à la société moderne, ce n'est que des paroles vides de sens. Les critiques historiques le voient et, contrairement aux soi-disant croyants, n'ayant aucun motif de dissimulation, soumettent la doctrine à une analyse minutieuse ; ils le réfutent systématiquement et prouvent que le christianisme n'est fait que d'idées chimériques.

Il semblerait qu'avant de se prononcer sur la doctrine de Jésus, il faudrait comprendre en quoi elle consistait ; et pour décider si sa doctrine est raisonnable ou non, il serait bon de se rendre compte d'abord qu'il a dit exactement ce qu'il a dit. Et c'est précisément ce que nous ne faisons pas, ce que ne font pas les commentateurs de l'Église, ce que ne font pas les libres-penseurs – et nous savons très bien pourquoi. Nous savons parfaitement que la doctrine de Jésus s'adresse et dénonce toutes les erreurs humaines, toutes *les tohus* , toutes les idoles vides de sens que l'on s'efforce d'exclure de la catégorie des erreurs, en les qualifiant d'« Église », « État », « Culture, " "Science", "Art", "Civilisation". Mais Jésus a parlé précisément de tout cela, de ceux-ci et de tous les *autres* . Non seulement Jésus, mais tous les prophètes hébreux, Jean-Baptiste, tous les vrais sages du monde ont dénoncé l'Église, l'État, la culture et la civilisation de leur temps comme sources de perdition de l'homme.

Imaginez un architecte qui dit à un propriétaire : « Votre maison ne sert à rien ; vous devez la reconstruire », puis décrit comment les supports doivent être coupés et fixés. Le propriétaire fait la sourde oreille aux mots : « Votre maison ne sert à rien » et n'écoute que respectueusement lorsque l'architecte commence à discuter de la disposition des pièces. Évidemment, dans ce cas, tous les conseils ultérieurs de l'architecte sembleront impraticables ; des propriétaires moins respectueux considéreraient cela comme un non-sens. Mais c'est précisément de cette manière que nous traitons la doctrine de Jésus. Je donne cette illustration faute de mieux. Je me souviens maintenant que Jésus, en enseignant sa doctrine, a utilisé la même comparaison. « *Détruisez ce temple* , dit-il, *et dans trois jours je le relèverai* . » C'est pour cela qu'ils l'ont mis sur la croix, et c'est pour cela qu'ils crucifient maintenant sa doctrine.

Le moins que l'on puisse demander à ceux qui portent un jugement sur une doctrine est qu'ils la jugent avec la même compréhension que celle avec laquelle elle a été proposée. Jésus comprenait sa doctrine, non comme un idéal vague et lointain, impossible à atteindre, non comme un recueil de rêveries fantastiques et poétiques pour charmer les simples habitants des rivages de Galilée ; pour lui, sa doctrine était une doctrine d'action, d'actes qui devaient devenir le salut de l'humanité. Il le montrait dans sa manière d'appliquer sa doctrine. Le crucifié qui criait dans l'agonie de son esprit et mourut pour sa doctrine n'était pas un rêveur ; c'était un homme d'action. Ce ne sont pas des rêveurs qui sont morts et meurent encore pour sa doctrine. Non; cette doctrine n'est pas une chimère !

Toute doctrine qui révèle la vérité est chimérique pour les aveugles. On peut dire, comme beaucoup le disent (j'étais du nombre), que la doctrine de Jésus est chimérique parce qu'elle est contraire à la nature humaine. Il est contre nature, disons-nous, de tendre l'autre joue quand on a été frappé, de donner tout ce que l'on possède, de travailler non pour nous mais pour les autres. Il est naturel, disons-nous, qu'un homme défende sa personne, sa famille, ses biens ; c'est-à-dire que c'est la nature de l'homme de lutter pour l'existence. Un savant a prouvé scientifiquement que le devoir le plus sacré de l'homme est de défendre ses droits, c'est-à-dire de combattre.

Mais dès l'instant où nous nous détachons de l'idée que l'organisation existante établie par l'homme est la meilleure, est sacrée, dès lors que nous le faisons, l'objection selon laquelle la doctrine de Jésus est contraire à la nature humaine se retourne immédiatement contre celui qui la fait. Personne ne niera que non seulement tuer ou torturer un homme, mais torturer un chien, tuer une poule ou un veau, c'est infliger des souffrances réprouvées par la nature humaine. (J'ai connu des agriculteurs qui avaient cessé de manger de la viande uniquement parce qu'ils avaient pour mission d'abattre les animaux.) Et pourtant, notre existence est si organisée que tout plaisir personnel s'achète au prix de souffrances humaines contraires à la nature humaine.

Il suffit d'examiner de près le mécanisme complexe de nos institutions fondées sur la coercition pour comprendre que la coercition et la violence sont contraires à la nature humaine. Le juge qui a condamné selon le code ne veut pas pendre le criminel de ses propres mains ; aucun commis n'arracherait un villageois à sa famille en pleurs et ne le jetterait en prison ; le général ou le soldat, à moins qu'il ne soit endurci par la discipline et le service, n'entreprendra pas de tuer cent Turcs ou Allemands, ni de détruire un village, et ne tuera pas, s'il pouvait l'aider, un seul homme. Pourtant, tout cela se fait grâce à l'appareil administratif qui répartit les responsabilités pour les méfaits de telle manière que personne ne les considère comme contraires à la nature.

Les uns font les lois, les autres les exécutent ; certains entraînent les hommes par la discipline à l'obéissance automatique ; et ces derniers, à leur tour, deviennent des instruments de coercition et tuent leurs semblables sans savoir pourquoi ni dans quel but. Mais qu'un homme se dégage un instant de ce réseau compliqué, il verra bien que la contrainte est contraire à sa nature. Gardons-nous d'affirmer que la violence organisée, dont nous usons à notre profit, est une loi divine et immuable, et nous verrons clairement laquelle est la plus en harmonie avec la nature humaine, la doctrine de la violence ou la doctrine de la violence. Jésus.

Quelle est la loi de la nature ? Est-ce de savoir que ma sécurité et celle de ma famille, tous mes amusements et plaisirs, sont achetés au prix de la misère, des privations et des souffrances de milliers d'êtres humains – par la terreur de la potence ; par le malheur de milliers de personnes étouffées entre les murs des prisons ; par la peur qu'inspirent des millions de soldats et de gardiens de la civilisation, arrachés à leurs foyers et abrutis par la discipline, de protéger nos plaisirs à coups de revolver chargés contre l'ingérence possible des affamés ? Est-ce pour acheter chaque morceau de pain que je mets dans ma bouche et dans la bouche de mes enfants par les privations innombrables qui sont nécessaires pour me procurer mon abondance ? Ou est-il sûr que mon morceau de pain ne m'appartient que lorsque je sais que chacun a sa part et que personne ne meurt de faim pendant que je mange ?

Il suffit de comprendre que, grâce à notre organisation sociale, chacun de nos plaisirs, chaque minute de notre tranquillité chérie, est obtenu par les souffrances et les privations de milliers de nos semblables ; il suffit de comprendre cela, de savoir ce qui est conforme à la nature humaine ; non pas à notre seule nature animale, mais à la nature animale et spirituelle qui constitue l'homme. Quand nous aurons compris la doctrine de Jésus dans toutes ses conséquences, avec toutes ses conséquences, nous serons convaincus que sa doctrine n'est pas contraire à la nature humaine ; mais que son seul objet est de supplanter la loi chimérique de la lutte contre le mal par la violence, loi elle-même contraire à la nature humaine et productrice de tant de maux.

Dites-vous que la doctrine de Jésus : « *Ne résistez pas au mal* » est vaine ? Que devons-nous alors penser de la vie de ceux qui ne sont pas remplis d'amour et de compassion pour leur espèce, de ceux qui préparent le châtiment de leurs semblables sur le bûcher, par le knout, la roue, le chevalet ? , les chaînes, les travaux obligatoires, les gibets, les cachots, les prisons pour femmes et enfants, les hécatombes de la guerre, ou provoquer des révolutions périodiques ; de ceux qui portent ces horreurs à exécution ; de ceux qui profitent de ces calamités ou préparent des représailles, de telles vies ne sont-elles pas vaines ?

Il suffit de comprendre la doctrine de Jésus pour être convaincu que l'existence, non pas l'existence raisonnable qui donne le bonheur à l'humanité, mais l'existence que les hommes ont organisée à leur propre détriment, qu'une telle existence est une vanité, la plus sauvage et la plus sauvage. horrible des vanités, véritable délire de folie, auquel, une fois récupéré, on ne revient plus.

Dieu est descendu sur terre, s'est incarné pour racheter le péché d'Adam et (c'est ce qu'on nous a appris à croire) a dit beaucoup de choses mystérieuses et mystiques qui sont difficiles à comprendre, qu'il n'est possible de comprendre qu'avec l'aide de la foi et de la grâce - et tout à coup, les paroles de Dieu se révèlent simples, claires et raisonnables ! Dieu a dit : Ne faites pas le mal et le mal cessera d'exister. La révélation de Dieu était-elle réellement si simple : rien que cela ? Il semblerait que tout le monde puisse le comprendre, c'est si simple !

Le prophète Élie, fugitif des hommes, se réfugia dans une grotte et on lui annonça que Dieu lui apparaîtrait. Il y eut un grand vent qui dévasta la forêt ; Élie pensait que le Seigneur était venu, mais le Seigneur n'était pas dans le vent. Après le vent vint le tonnerre et les éclairs, mais Dieu n'était pas là. Puis vint le tremblement de terre : la terre crachait du feu, les rochers étaient brisés, la montagne était déchirée jusqu'à ses fondations ; Élie cherchait le Seigneur, mais le Seigneur n'était pas dans le tremblement de terre. Puis, dans le calme qui suivit, une douce brise vint au prophète, apportant la fraîcheur des champs ; et Elie savait que Dieu était là. C'est une magnifique illustration des mots « *Ne résistez pas au mal* ».

Ils sont bien simples, ces mots ; mais ils sont néanmoins l'expression d'une loi divine et humaine. S'il y a eu dans l'histoire un mouvement progressiste pour la suppression du mal, cela est dû aux hommes qui ont compris la doctrine de Jésus, qui ont enduré le mal et n'ont pas résisté au mal par la violence. Le progrès de l'humanité vers la justice n'est pas dû aux tyrans, mais aux martyrs. De même que le feu ne peut pas éteindre le feu, le mal ne peut pas supprimer le mal. Seul le bien, en affrontant le mal et en résistant à sa contagion, peut vaincre le mal. Et dans le monde intérieur de l'âme humaine, la loi est aussi absolue qu'elle l'était pour les auditeurs de Galilée, plus absolue, plus claire, plus immuable. Les hommes peuvent s'en détourner, ils peuvent cacher sa vérité aux autres ; mais le progrès de l'humanité vers la justice ne peut être réalisé que de cette manière. Chaque pas doit être guidé par le commandement : « *Ne résistez pas au mal* ». Un disciple de Jésus peut dire aujourd'hui, avec plus d'assurance que celui de Galilée, malgré les malheurs et les menaces : « Et pourtant ce n'est pas la violence, mais le bien qui triomphe du mal. » Si les progrès sont lents, c'est parce que la doctrine de Jésus (qui, par sa clarté, sa simplicité et sa sagesse, fait appel si inévitablement à la nature humaine), parce que la doctrine de Jésus a été astucieusement cachée à la majorité de l'humanité sous un entièrement doctrine différente faussement appelée par son nom.

CHAPITRE V.

LE vrai sens de la doctrine de Jésus m'a été révélé ; tout confirmait sa vérité. Mais pendant longtemps je n'ai pas pu m'habituer à ce fait étrange, qu'après les dix-huit siècles pendant lesquels la loi de Jésus avait été professée par des millions d'êtres humains, après les dix-huit siècles pendant lesquels des milliers d'hommes avaient consacré leur vie à la En étudiant cette loi, je l'avais redécouverte par moi-même. Mais aussi étrange que cela paraisse, cela l'était. La loi de Jésus : « *Ne résistez pas au mal* » était pour moi entièrement nouvelle, quelque chose dont je n'avais jamais eu la moindre idée auparavant. Je me suis demandé comment cela pouvait être ; Il faut certainement que j'aie eu une fausse idée de la doctrine de Jésus pour provoquer un tel malentendu. Et j'en avais sans doute une fausse idée. Lorsque j'ai commencé à lire l'Évangile, je n'étais pas dans la condition de quelqu'un qui, n'ayant rien entendu de la doctrine de Jésus, en prend connaissance pour la première fois ; au contraire, j'avais une théorie préconçue sur la manière dont je devais le comprendre. Jésus ne m'a pas séduit comme un prophète révélant la loi divine, mais comme celui qui continuait et amplifiait la loi divine absolue que je connaissais déjà ; car j'avais des notions très précises et complexes sur Dieu, le créateur du monde et de l'homme, et sur les commandements de Dieu donnés aux hommes par l'intermédiaire de Moïse.

Quand j'en suis venu aux paroles : « *Vous avez entendu qu'il a été dit : Œil pour œil et dent pour dent ; mais je vous dis : Ne résistez pas au mal* », — les paroles : « *Un œil « œil, dent pour dent* », exprimait la loi donnée par Dieu à Moïse ; les mots : « *Mais je vous dis : ne résistez pas au mal* », exprimaient la nouvelle loi, qui était une négation de la première. Si j'avais vu les paroles de Jésus, simplement, dans leur vrai sens, et non comme une partie de la théorie théologique que j'avais absorbée au sein de ma mère, j'aurais immédiatement compris que Jésus a abrogé l'ancienne loi et lui a substitué une nouvelle loi. Mais on m'avait appris que Jésus n'a pas abrogé la loi de Moïse, qu'au contraire il l'a confirmée au moindre iota et qu'il l'a rendue plus complète. Les versets 17 à 20 du cinquième chapitre de Matthieu m'ont toujours impressionné, lorsque je lisais l'Évangile, par leur obscurité, et ils m'ont plongé dans le doute. Je connaissais très bien l'Ancien Testament, en particulier les derniers livres de Moïse, et me rappelant certains passages dans lesquels des doctrines minutieuses, souvent absurdes et même cruelles dans leur portée, sont précédées des mots : « Et le Seigneur dit à Moïse », il il me parut bien singulier que Jésus confirmât toutes ces injonctions ; Je ne comprenais pas pourquoi il faisait cela. Mais je laissai la question sans solution, et j'acceptai avec confiance les explications inculquées dans mon enfance, que les deux lois étaient également inspirées par le Saint-Esprit, qu'elles étaient en parfait accord, et que Jésus confirmait la loi de Moïse tout en le compléter et l'amplifier. Je ne me suis pas soucié de rendre compte du processus de cette amplification, de la solution des contradictions apparentes dans tout l'Évangile, aux versets 17-20 du cinquième chapitre, dans les mots : « *Mais je vous le dis* ».

Maintenant que j'ai compris le sens clair et simple de la doctrine de Jésus, j'ai vu clairement que les deux lois sont directement opposées l'une à l'autre ; qu'ils ne pourront jamais être harmonisés ; qu'au lieu de compléter l'un par l'autre, il faut inévitablement choisir entre les deux ; et que l'explication reçue des versets, Matthieu v. 17-20, qui m'avait impressionné par leur obscurité, devait être incorrecte.

Lorsque j'en vins à relire les versets qui m'avaient auparavant semblé obscurs, je fus étonné du sens clair et simple qui m'était soudain révélé. Ce sens a été révélé, non par une combinaison ou une transposition quelconque, mais uniquement par le rejet des explications factices dont les mots avaient été encombrés. Selon Matthieu, Jésus a dit (v. 17-18) :

" *Ne pensez pas que je suis venu pour détruire la loi ou les prophètes* (la doctrine des prophètes) : *je ne suis pas venu pour détruire, mais pour accomplir. Car en vérité, je vous le dis, jusqu'à ce que le ciel et la terre passent, un iota ou Un seul titre ne sera en aucun cas retiré de la loi, jusqu'à ce que tout soit accompli.* »

Et au verset 20 il ajouta :

" *Car je vous le dis, si votre justice ne dépasse celle des scribes et des pharisiens, vous n'entrerez en aucun cas dans le royaume des cieux.* "

Je ne suis pas venu (dit Jésus) pour détruire la loi éternelle dont vos livres de prophéties prédisent l'accomplissement. Je suis venu vous enseigner l'accomplissement de la loi éternelle ; non pas de la loi que vos scribes et pharisiens appellent la loi divine, mais de cette loi éternelle qui est plus immuable que la terre et les cieux.

J'ai exprimé l'idée en d'autres termes afin de détacher les pensées de mes lecteurs de l'interprétation fausse traditionnelle. Si cette fausse interprétation n'avait jamais existé, l'idée exprimée dans les versets ne pourrait pas être rendue d'une manière meilleure ou plus précise.

L'opinion selon laquelle Jésus n'a pas abrogé l'ancienne loi découle de la conclusion arbitraire selon laquelle « loi » dans ce passage signifie la loi écrite au lieu de la loi éternelle, la référence à l'iota - iota et titre - fournissant peut-être les bases d'une telle opinion. . Mais si Jésus avait parlé de la loi écrite, il aurait utilisé l'expression « la loi et les prophètes », qu'il employait toujours en parlant de la loi écrite ; ici, cependant, il utilise une expression différente : « la loi *ou* les prophètes ». Si Jésus avait voulu dire la loi écrite, il aurait utilisé l'expression « la loi et les prophètes » dans les versets qui suivent et qui poursuivent la pensée ; mais il dit brièvement « la loi ». De plus, selon Luc, Jésus a utilisé la même phraséologie, et le contexte rend le sens inévitable. Selon Luc, Jésus dit aux pharisiens, qui assumaient la justice de leur loi écrite :

" *Vous êtes ceux qui vous justifient devant les hommes ; mais Dieu connaît vos cœurs ; car ce qui est hautement estimé parmi les hommes est une abomination aux yeux de Dieu. La loi et les prophètes existaient jusqu'à Jean : depuis ce temps-là, le royaume de Dieu est prêché. , et chacun s'y presse . Et il est plus facile au ciel et à la terre de passer, qu'à un seul titre de la loi de faillir* » (Luc XVI, 15-17.)

En ces termes : « *La loi et les prophètes existèrent jusqu'à Jean* », Jésus abrogea la loi écrite ; en ces termes : « *Et il est plus facile que le ciel et la terre passent, qu'un seul trait de la loi ne tombe en panne* », Jésus a confirmé la loi éternelle. Dans le premier passage cité, il dit : « la loi *et* les prophètes », c'est-à-dire la loi écrite ; dans le second il dit simplement « la loi », donc la loi éternelle. Il est donc clair que la loi éternelle s'oppose à la loi écrite [3], exactement comme dans le contexte de Matthieu où la loi éternelle est définie par l'expression « la loi *ou* les prophètes ».

L'histoire des variantes du texte de ces versets mérite d'être notée. La majorité des textes comportent simplement « la loi », sans l'ajout « et les prophètes », évitant ainsi une fausse interprétation au sens de la loi écrite. Dans d'autres textes, notamment celui de Tischendorf , et dans les versions canoniques, on trouve le mot « prophètes » employé, non avec la conjonction « et », mais avec la conjonction « ou », — « la loi *ou* les prophètes », — ce qui exclut aussi toute question de loi écrite, et indique, comme signification propre, la loi éternelle. Dans plusieurs autres versions, non approuvées par l'Église, nous trouvons le mot « prophètes » utilisé avec la conjonction « et », et non avec « ou » ; et dans ces versions, chaque répétition des mots « la loi » est suivie de l'expression « et les prophètes », ce qui indiquerait que Jésus ne parlait que de la loi écrite.

L'histoire des commentaires sur le passage en question coïncide avec celle des variantes. Le seul sens clair est celui autorisé par Luc, à savoir que Jésus a parlé de la loi éternelle. Mais parmi les copistes de l'Évangile, certains souhaitaient que la loi écrite de Moïse continue à être considérée comme obligatoire. Ils ajoutèrent donc aux mots « la loi » l'expression « et les prophètes », et changèrent ainsi l'interprétation du texte.

D'autres chrétiens, ne reconnaissant pas au même degré l'autorité des livres de Moïse, supprimèrent la phrase ajoutée et remplacèrent la particule καὶ, « et », par ἤ , « ou » ; et avec cette substitution, le passage fut admis au canon. Néanmoins, malgré la clarté sans équivoque du texte ainsi rédigé, les commentateurs ont perpétué l'interprétation soutenue par la phrase qui avait été rejetée dans le canon. Le passage a suscité d'innombrables commentaires, qui s'éloignent de la vraie signification en proportion du manque, de la part des commentateurs, de fidélité au sens simple et évident de la doctrine de Jésus. La plupart d'entre eux reconnaissent la lecture rejetée par le texte canonique.

Pour être absolument convaincu que Jésus n'a parlé que de la loi éternelle, il suffit d'examiner le vrai sens de ce mot qui a donné lieu à tant de fausses interprétations. Le mot « loi » (en grec νόμος, en hébreu תּוֹרָה··, *torah*) a dans toutes les langues deux significations principales : l'une, loi au sens abstrait, indépendante des formules ; l'autre, les statuts écrits que les hommes reconnaissent généralement comme loi. Dans le grec des épîtres de Paul, la distinction est indiquée par l'utilisation de l'article. Sans l'article, Paul utilise νόμος le plus fréquemment dans le sens de la loi divine éternelle. Chez les anciens Hébreux, comme dans les livres d'Isaïe et des autres prophètes, תּוֹרָה· , *torah* , est toujours utilisé dans le sens d'une révélation éternelle, d'une intuition divine. Ce n'est qu'à l'époque d'Esdras, et plus tard dans le Talmud, que la « Torah » fut utilisée dans le même sens que celui dans lequel nous utilisons le mot « Bible », avec cette différence que, même si nous avons des mots pour distinguer la Bible de la loi divine, les Juifs employaient le même mot pour exprimer les deux sens.

Ainsi Jésus parle parfois de la loi comme de la loi divine (d'Isaïe et des autres prophètes), auquel cas il la confirme ; et parfois dans le sens de la loi écrite du Pentateuque, auquel cas il la rejette. Pour distinguer la différence, il ajoute toujours, en parlant de la loi écrite, « et les prophètes », ou préfixe le mot « votre », « votre loi ».

Lorsqu'il dit : « *C'est pourquoi tout ce que vous voudriez que les hommes fassent pour vous, faites-le également pour eux ; car c'est la loi et les prophètes* » (Mt. VII, 12), il parle de la loi écrite. Toute la loi écrite, dit-il, peut être réduite à cette expression de la loi éternelle, et par ces paroles il a abrogé la loi éternelle. Lorsqu'il dit : « *La loi et les prophètes existèrent jusqu'à Jean* » (Luc XVI, 16), il parle de la loi écrite et l'abroge. Lorsqu'il dit : « *Moïse ne vous a-t-il pas donné la loi, et pourtant aucun de vous n'observe la loi* » (Jean VII, 19), « *Il est aussi écrit dans votre loi* » (Jean VIII, 17), « *afin que la parole puisse s'accomplira ce qui est écrit dans leur loi* » (Jean XV. 25), il parle de la loi écrite, de la loi dont il niait l'autorité, de la loi qui le condamnait à mort : « *Les Juifs lui répondirent : Nous avons une loi, et selon notre loi, il doit mourir* » (Jean XIX, 7). Il est évident que cette loi juive, qui autorisait la condamnation à mort, n'était pas la loi de Jésus. Mais quand Jésus dit : « Je ne suis pas venu pour détruire la loi, mais pour vous enseigner l'accomplissement de la loi ; car rien de cette loi ne sera changé, mais tout s'accomplira », alors il ne parle pas de la loi écrite. , mais de la loi divine et éternelle.

Admettez que tout cela n'est qu'une preuve formelle ; admettre que j'ai soigneusement combiné les contextes et les variantes, et exclu tout ce qui était contraire à ma théorie ; Admettez que les commentateurs de l'Église sont clairs et convaincants, qu'en fait Jésus n'a pas abrogé la loi de Moïse, mais qu'il l'a maintenue – admettez ceci : alors la question est : quels étaient les enseignements de Jésus ?

Selon l'Église, il a enseigné qu'il était la deuxième personne de la Trinité, le Fils de Dieu, et qu'il est venu au monde pour expier par sa mort le péché d'Adam. Mais ceux qui ont lu les Évangiles savent que Jésus n'a rien enseigné de tel, ou du moins n'a parlé que très vaguement sur ces sujets. Les passages dans lesquels Jésus affirme qu'il est la deuxième personne de la Trinité et qu'il devait expier les péchés de l'humanité forment une partie très insignifiante et très obscure des Évangiles. En quoi consiste donc le reste de la doctrine de Jésus ? Il est impossible de nier, car tous les chrétiens l'ont reconnu, que la doctrine de Jésus vise à régler sommairement la vie des hommes, à leur apprendre comment ils doivent vivre les uns par rapport aux autres. Mais pour réaliser que Jésus a enseigné aux hommes une nouvelle manière de vivre, il faut avoir une certaine idée de la condition des personnes auxquelles s'adressaient ses enseignements.

Lorsque nous examinons le développement social des Russes, des Anglais, des Chinois, des Indiens ou même des races sauvages insulaires, nous constatons que chaque peuple a invariablement certaines règles ou lois pratiques qui régissent son existence ; par conséquent, si quelqu'un veut inculquer une nouvelle loi, il doit en même temps abolir l'ancienne ; dans n'importe quelle race ou nation, cela serait inévitable. Les lois que nous avons l'habitude de considérer comme presque sacrées seraient assurément abrogées ; chez nous, peut-être, il pourrait arriver qu'un réformateur qui enseignait un droit nouveau n'abolisse que nos lois civiles, le code officiel, nos coutumes administratives, sans toucher à ce que nous considérons comme nos lois divines, bien qu'il soit difficile de croire que de telles lois puissent être le cas. Mais avec le peuple juif, qui n'avait qu'une seule loi, reconnue comme divine, et qui enveloppait la vie jusque dans ses moindres détails, que pourrait faire un réformateur s'il déclarait d'avance que la loi existante était inviolable ?

Admettez que cet argument n'est pas concluant et essayez d'interpréter les paroles de Jésus comme une affirmation de toute la loi mosaïque ; dans ce cas, qui étaient les pharisiens, les scribes, les docteurs de la loi, dénoncés par Jésus pendant tout son ministère ? Qui étaient ceux qui ont rejeté la doctrine de Jésus et, leurs grands prêtres à leur tête, l'ont crucifié ? Si Jésus approuvait la loi de Moïse, où étaient les fidèles adeptes de cette loi, qui la pratiquaient sincèrement et devaient ainsi avoir obtenu l'approbation de Jésus ? Est-il possible qu'il n'y en ait pas eu ? Les Pharisiens, nous dit-on, constituaient une secte ; Où donc étaient les justes ?

Dans l'Évangile de Jean, les ennemis de Jésus sont directement appelés « les Juifs ». Ils sont opposés à la doctrine de Jésus ; ils sont hostiles parce qu'ils sont juifs. Mais ce ne sont pas seulement les Pharisiens et les Sadducéens qui figurent dans les Évangiles comme les ennemis de Jésus : on y trouve aussi mention des docteurs de la loi, des gardiens de la loi de Moïse, des scribes, des interprètes de la loi, les anciens, ceux qui sont toujours considérés comme les représentants de la sagesse populaire. Jésus a dit : « *Je ne suis pas venu appeler à la repentance les justes, mais les pécheurs* », pour changer leur manière de vivre (μετάνοι α). Mais où étaient les justes ? Nicodème était-il le seul ? Il est représenté comme un homme bon mais égaré.

Nous sommes tellement habitués à l'opinion singulière selon laquelle Jésus a été crucifié par les pharisiens et un certain nombre de commerçants juifs, que nous ne pensons jamais à nous demander : où étaient les vrais Juifs, les bons Juifs, les Juifs qui pratiquaient la loi ? Une fois cette question posée, tout devient parfaitement clair. Jésus, qu'il soit Dieu ou homme, a apporté sa doctrine à un peuple possédant des règles, appelées la loi divine, régissant toute son existence. Comment Jésus pourrait-il éviter de dénoncer cette loi ?

Tout prophète, tout fondateur de religion rencontre inévitablement, en révélant la loi divine aux hommes, des institutions qui sont considérées comme soutenues par les lois de Dieu. Il ne peut donc éviter un double usage du mot « loi », qui exprime ce que ses auditeurs considèrent à tort comme la loi de Dieu (« votre loi ») et la loi qu'il est venu proclamer, la vraie loi, la loi divine et divine. loi éternelle. Un réformateur non seulement ne peut éviter d'utiliser le mot de cette manière ; souvent il ne veut pas l'éviter, mais confond volontairement les deux idées, indiquant ainsi que, dans la loi confessée par ceux qu'il veut convertir, il y a encore des vérités éternelles. Tout réformateur prend ces vérités, si bien connues de ses auditeurs, comme base de son enseignement. C'est précisément ce que fit Jésus en s'adressant aux Juifs, par qui les deux lois étaient vaguement regroupées sous le nom de « Torah ». Jésus a reconnu que la loi mosaïque, et plus encore les livres prophétiques, en particulier les écrits d'Isaïe, dont il cite constamment les paroles, Jésus a reconnu qu'ils contenaient des vérités divines et éternelles en harmonie avec la loi éternelle, et il les prend comme base. de sa propre doctrine. Cette méthode a été mentionnée à plusieurs reprises par Jésus ; ainsi il dit : « *Qu'est-ce qui est écrit dans la loi ? comment la lis- tu ?* » (Luc X, 26). Autrement dit, on peut trouver la vérité éternelle dans la loi, si on la lit correctement. Et plus d'une fois il affirme que les commandements de la loi mosaïque, aimer le Seigneur et son prochain, sont aussi des commandements de la loi éternelle. A la fin des paraboles par lesquelles Jésus expliquait à ses disciples le sens de sa doctrine, il prononça des paroles qui ont une portée sur tout ce qui précède :

" *C'est pourquoi tout scribe instruit sur le royaume des cieux* (la vérité) *est semblable à un homme qui est maître de maison, qui fait sortir de son trésor* (sans distinction) *des choses nouvelles et anciennes* . " (Matt. XIII, 52.)

Irénée les comprenait ; mais en même temps, au mépris de la vraie signification, il leur attribue arbitrairement le sens que tout ce qui est ancien est sacré. Le sens manifeste est le suivant : celui qui cherche le bien prend non seulement le nouveau, mais aussi l'ancien ; et parce qu'une chose est vieille, il ne la rejette pas pour cela. Par ces mots, Jésus voulait dire qu'il ne niait pas ce qu'il y avait d'éternel dans l'ancienne loi. Mais quand on lui parlait de toute la loi, ou des formalités exigées par l'ancienne loi, il répondait qu'il ne fallait pas mettre de vin nouveau dans de vieilles outres. Jésus ne pouvait pas affirmer toute la loi ; il ne pouvait pas non plus nier tout l'enseignement de la loi et des prophètes, la loi qui dit : « *aime ton prochain comme toi-même* », les prophètes dont les paroles servaient souvent à exprimer ses propres pensées. Et pourtant, à la place de cette explication claire et simple des paroles de Jésus, on nous propose une interprétation vague qui introduit des contradictions inutiles, qui réduit à néant la doctrine de Jésus, et qui rétablit la doctrine de Moïse dans toute sa cruauté sauvage. .

Les commentateurs de l'Église, particulièrement ceux qui écrivent depuis le Ve siècle, nous disent que Jésus n'a pas aboli la loi écrite ; qu'au contraire il l'affirmait. Mais de quelle manière ? Comment est-il possible que la loi de Jésus s'harmonise avec la loi de Moïse ? Nous ne recevons aucune réponse à ces demandes. Les commentateurs usent tous d'une jonglerie verbale selon laquelle Jésus accomplissait la loi de Moïse, et que les paroles des prophètes s'accomplissaient en sa personne ; que Jésus a accompli la loi en tant que médiateur par notre foi en lui. Et la question essentielle pour tout croyant — Comment harmoniser deux lois contradictoires, chacune destinée à régler la vie des hommes ? — reste laissée sans la moindre tentative d'explication. D'où la contradiction entre le verset où il est dit que Jésus n'est pas venu pour abolir la loi, mais pour accomplir la loi, et la parole de Jésus : « *Vous avez entendu qu'il a été dit : Œil pour œil ... Mais Je vous le dis* : « La contradiction entre la doctrine de Jésus et l'esprit même de la doctrine mosaïque est laissée sans aucune atténuation.

Que ceux que la question intéresse consultent les commentaires de l'Église touchant ce passage depuis le temps de Chrysostome jusqu'à nos jours. Après avoir parcouru les volumineuses explications proposées, ils seront convaincus non seulement de l'absence totale de toute solution à la contradiction, mais aussi de la présence d'une nouvelle contradiction factice surgissant à sa place. Voyons ce que dit Chrysostome en réponse à ceux qui rejettent la loi de Moïse :

"Il a fait cette loi, non pas pour que nous puissions nous arracher les yeux les uns aux autres, mais pour que la crainte de la souffrance des autres puisse nous empêcher de leur faire de telles choses. C'est pourquoi il a menacé les Ninivites de renversement, non pour les détruire (car si telle avait été sa volonté, il aurait dû se taire), mais afin de pouvoir, par la peur, les rendre meilleurs et ainsi apaiser sa colère . un bon principe les dispose à ne pas s'abstenir d'une telle cruauté, la crainte peut les empêcher de nuire à la vue de leurs voisins.

" Et si cela est de la cruauté, c'est aussi de la cruauté que de retenir le meurtrier et de réprimer l'adultère. Mais ce sont les paroles d'hommes insensés et de ceux qui sont fous jusqu'à l'extrême folie. Car moi, bien loin d'être en disant que cela vient de la cruauté, je devrais dire que le contraire serait illégal, selon le calcul des hommes. Et tandis que tu dis : « Parce qu'il a ordonné d'arracher *œil pour œil* , c'est pourquoi il est cruel » ; s'il n'avait pas donné ce commandement, alors il aurait semblé, aux yeux de la plupart des hommes, être celui que tu dis qu'il est. »

Chrysostome a clairement reconnu la loi. *Œil pour œil* , comme divin, et contraire à cette loi, c'est-à-dire à la doctrine de Jésus : *Ne résistez pas au mal* , comme à l'iniquité. " Car supposons ", dit encore Chrysostome :

"Car supposons que cette loi ait été complètement abolie, et que personne ne craigne le châtiment qui en découle, mais que la licence ait été donnée à tous les méchants de suivre leurs propres dispositions en toute sécurité envers les adultères et les meurtriers, pour les parjures et les parricides ; toutes choses n'auraient -elles pas été bouleversées ? Les villes, les marchés et les maisons, la mer et la terre, et le monde entier n'auraient-ils pas été remplis d'innombrables pollutions et meurtres ? si, quand il y a des lois, de la peur et des menaces, nos mauvais tempéraments sont à peine contrôlés ; si même cette sécurité nous était enlevée, qu'y a-t-il pour empêcher les hommes de choisir le vice et quel degré de mal ne se déchaînerait-il pas sur l'ensemble de notre vie ? vie humaine?

"D'autant plus que la cruauté ne consiste pas seulement à permettre aux méchants de faire ce qu'ils veulent, mais aussi à autre chose tout aussi importante : négliger et laisser sans soin celui qui n'a fait aucun mal, mais qui est sans cause ou sans raison. la raison souffre mal. Car dites-moi, si quelqu'un rassemblait des hommes méchants de tous côtés, et les armait d'épées, et leur ordonnait de parcourir toute la ville et de massacrer tout ce qui se trouvait sur son chemin, pourrait-il y avoir quelque chose de plus semblable. une bête sauvage que lui ? Et si d'autres liaient et enfermaient avec la plus grande rigueur ceux que cet homme avait armés, et arrachaient de ces mains anarchiques ceux qui étaient sur le point d'être massacrés, pourrait-il y avoir une plus grande humanité ; que ça ?"

Chrysostome ne dit pas quelle serait l'estimation de ces autres dans l'opinion des méchants. Et si ces autres étaient eux-mêmes méchants et jetaient les innocents en prison ? Chrysostome continue :

"Maintenant donc, je te demande de transférer également ces exemples dans la loi; car celui qui commande d'arracher *œil pour œil* a posé la peur comme une sorte de chaîne solide sur les âmes des méchants, et ainsi ressemble à celui qui retient ces assassins sont en prison ; tandis que celui qui ne leur prescrit aucun châtiment, ne les arme que par une telle sécurité, et joue le rôle de cet autre, qui leur mettait les épées dans les mains et les lâchait sur toute la ville. " ("Homélies sur l'Évangile de saint Matthieu", xvi.)

Si Chrysostome avait compris la loi de Jésus, il aurait dit : Qui est celui qui frappe les yeux d'autrui ? qui est-ce qui jette les hommes en prison ? Si Dieu, qui a fait la loi, fait cela, alors il n'y a pas de contradiction ; mais ce sont les hommes qui exécutent les décrets, et le Fils de Dieu a dit aux hommes qu'ils devaient s'abstenir de toute violence. Dieu a ordonné de frapper, et le Fils de Dieu a ordonné de ne pas frapper. Nous devons accepter l'un ou l'autre commandement ; et Chrysostome, comme tout le reste de l'Église, accepta le commandement de Moïse et nia celui du Christ, dont il prétend pourtant croire la doctrine.

Jésus a aboli la loi mosaïque et a donné sa propre loi à la place. Pour celui qui croit vraiment en Jésus, il n'y a pas la moindre contradiction ; un tel homme ne prêtera aucune attention à la loi de Moïse, mais mettra en pratique la loi de Jésus, à laquelle il croit. Pour celui qui croit en la loi de Moïse, il n'y a aucune contradiction. Les Juifs considéraient les paroles de Jésus comme une folie et croyaient en la loi de Moïse. La contradiction concerne uniquement ceux qui suivraient la loi de Moïse sous le couvert de la loi de Jésus — ceux que Jésus a dénoncés comme hypocrites, comme une génération de vipères.

Au lieu de reconnaître comme vérité divine l'une ou l'autre des deux lois, la loi de Moïse ou celle de Jésus, nous reconnaissons la qualité divine des deux. Mais quand la question se pose par rapport aux actes de la vie quotidienne, nous rejetons la loi de Jésus et suivons celle de Moïse. Et cette fausse interprétation, quand on se rend compte de son importance, révèle la source de ce drame terrible qui raconte la lutte entre le mal et le bien, entre les ténèbres et la lumière.

Au peuple juif, habitué aux innombrables prescriptions formelles instituées par les Lévites dans la rubrique des lois divines, chacune précédée des mots : « Et le Seigneur dit à Moïse », Jésus apparut au peuple juif. Il trouvait que tout, dans les moindres détails, était prescrit par la règle ; non seulement la relation de l'homme avec Dieu, mais ses sacrifices, ses fêtes, ses jeûnes, ses devoirs sociaux, civils et familiaux, les détails des habitudes personnelles, la circoncision, la purification du corps, des ustensiles domestiques, des vêtements - tout celles-ci sont réglées par des lois reconnues comme commandements de Dieu, et donc comme divines.

En dehors de la question de la mission divine de Jésus, que pourrait faire un prophète ou un réformateur qui souhaiterait établir ses propres doctrines parmi un peuple si enveloppé dans le formalisme, sinon abolir la loi par laquelle tous ces détails étaient réglés ? Jésus choisit parmi ce que les hommes considéraient comme la loi de Dieu les parties qui étaient réellement divines ; il choisit ce qui servait son dessein, rejeta le reste et, sur ce fondement, établit la loi éternelle. Il n'était pas nécessaire de tout abolir, mais il était inévitable d'abroger beaucoup de choses qui étaient considérées comme obligatoires. C'est ce que Jésus fit et fut accusé de détruire la loi divine ; pour cela, il fut condamné et mis à mort. Mais sa doctrine fut chérie par ses disciples, traversa les siècles, et se transmet aux autres peuples. Dans ces conditions, elle se cache à nouveau sous des dogmes hétérogènes, des commentaires obscurs et des explications factices. De pitoyables sophismes humains remplacent la révélation divine. À la formule « Et le Seigneur dit à Moïse », nous remplaçons « Ainsi dit le Saint-Esprit ». Et encore une fois, le formalisme cache la vérité. Le plus étonnant est que la doctrine de Jésus est amalgamée à la loi écrite, dont il a été contraint de nier l'autorité. Cette *Torah*, cette loi écrite, est déclarée inspirée par le Saint-Esprit, l'esprit de vérité ; et ainsi Jésus est pris au piège de sa propre révélation : sa doctrine est réduite à néant.

C'est pourquoi, après dix-huit cents ans, il m'est arrivé si singulièrement de découvrir le sens de la doctrine de Jésus comme quelque chose de nouveau. Mais non; Je ne l'ai pas découvert ; J'ai fait simplement ce que doivent faire tous ceux qui recherchent Dieu et sa loi ; J'ai cherché la loi éternelle au milieu des éléments incongrus que les hommes appellent de ce nom.

CHAPITRE VI.

QUAND j'ai compris la loi de Jésus comme la loi de Jésus, et non comme la loi de Jésus et de Moïse, quand j'ai compris le commandement de cette loi qui abrogeait absolument la loi de Moïse, alors les Évangiles, auparavant si obscurs pour moi, diffuse et contradictoire, fondue en un tout harmonieux, dont la substance de la doctrine, jusqu'alors incompréhensible, m'a semblé formulée en termes simples, clairs et accessibles à tout chercheur de vérité. [4]

Tout au long des Évangiles, nous sommes appelés à considérer les commandements de Jésus et la nécessité de les mettre en pratique . Tous les théologiens discutent des commandements de Jésus ; mais quels sont ces commandements ? Je ne le savais pas avant. Je pensais que le commandement de Jésus était d'aimer Dieu et son prochain comme soi-même. Je ne voyais pas que cela ne pouvait pas être un nouveau commandement de Jésus, puisqu'il avait été donné par eux autrefois dans le Deutéronome et le Lévitique. Les mots:-

« *Quiconque donc enfreindra l'un de ces plus petits commandements et l'enseignera aux hommes sera appelé le plus petit dans le royaume des cieux ; mais quiconque les pratiquera et les enseignera sera appelé grand dans le royaume des cieux .* » (Matt. v. 19.) — je croyais que ces paroles se rapportaient à la loi mosaïque. Mais il ne m'était jamais venu à l'esprit que Jésus avait proposé de nouvelles lois de manière claire et précise. Je n'ai pas vu que dans le passage où Jésus déclare : « *Vous avez entendu qu'il a été dit... Mais je vous le dis* », il a formulé une série de commandements très précis — cinq entièrement nouveaux, en comptant pour une les deux références. à l'ancienne loi contre l'adultère. J'avais entendu parler des béatitudes de Jésus et de leur nombre ; leur explication et leur énumération faisaient partie de mon instruction religieuse ; mais les commandements de Jésus, je n'en avais jamais entendu parler. À mon grand étonnement, je les ai découverts par moi-même. Dans le cinquième chapitre de Matthieu, j'ai trouvé ces versets : -

" *Vous avez entendu qu'il a été dit par les anciens : Tu ne tueras pas ; et quiconque tuera sera en danger de jugement. Mais moi, je vous le dis, quiconque se met en colère contre son frère sans motif sera en prison. danger du jugement : et quiconque dira à son frère : Raca , sera en danger du conseil ; mais quiconque dira : Toi, insensé, sera en danger de la Géhenne de feu. C'est pourquoi si tu apportes ton don à l'autel. , et là tu te souviens que ton frère a quelque chose contre toi ; laisse là ton présent devant l'autel, et va ; réconcilie-toi d'abord avec ton frère, puis viens offrir ton présent rapidement, pendant que tu es là. fais le chemin avec lui, de peur qu'à aucun moment l'adversaire ne te livre au juge, et que le juge ne te livre à l'officier, et que tu ne sois jeté en prison. tu as payé le maximum* » (Matt. v. 21-26.)

Lorsque j'ai compris le commandement « *Ne résistez pas au mal* », il m'a semblé que ces versets devaient avoir une signification aussi claire et intelligible que le commandement que je viens de citer. Le sens que j'avais autrefois donné à ce passage était que chacun devait éviter les sentiments de colère contre les autres, ne devait jamais prononcer un langage injurieux et devait vivre en paix avec tous les hommes, sans exception. Mais il y avait dans le texte une phrase qui excluait ce sens : « Quiconque se met en colère contre son frère *sans raison* » – ces mots ne pouvaient alors pas être une exhortation à la paix absolue. J'étais très perplexe et je me tournai vers les commentateurs, les théologiens, pour dissiper mes doutes. À ma grande surprise, j'ai découvert que les commentateurs s'efforçaient principalement de définir dans quelles conditions la colère était permise. Tous les commentateurs de l'Église ont insisté sur l'expression qualificative « *sans cause* » et ont expliqué que le sens était qu'il ne faut pas être offensé sans raison, qu'il ne faut pas être injurieux, mais que la colère n'est pas toujours injuste ; et, pour confirmer leur point de vue, ils citent des exemples de colère de la part des saints et des apôtres. J'ai vu clairement que les commentateurs qui autorisaient la colère « pour la gloire de Dieu » comme non répréhensible, quoique entièrement contraire à l'esprit de l'Évangile, fondaient leur argumentation sur l'expression « sans cause » au vingt-deuxième verset. Ces mots changent entièrement le sens du passage.

Ne vous fâchez-vous pas sans raison ? Jésus nous exhorte à pardonner à chacun, à pardonner sans restriction ni limite. Il a pardonné à tous ceux qui lui avaient fait du mal et a réprimandé Peter pour sa colère contre Malchus lorsque le premier cherchait à défendre son Maître au moment de la trahison, alors que, le cas échéant, il semblerait que la colère aurait pu être justifiable. Et pourtant, ce même Jésus a-t-il formellement enseigné aux hommes de ne pas se mettre en colère « sans cause », et sanctionne-t-il ainsi la colère pour une cause ? Jésus a-t-il recommandé la paix à tous les hommes, puis, dans l'expression « sans cause », a-t-il interpolé la réserve selon laquelle cette règle ne s'appliquait pas à tous les cas ? qu'il y avait des circonstances dans lesquelles on pouvait être en colère contre un frère, et donner ainsi aux commentateurs le droit de dire que la colère est parfois opportune ?

Mais qui doit décider quand la colère est opportune et quand elle ne l'est pas ? Je n'ai encore jamais rencontré de personne en colère qui ne croyait pas que sa colère était justifiable. Quiconque est en colère pense que la colère est légitime et utile. De toute évidence, l'expression « sans cause » détruit toute la force du verset. Et pourtant il y avait des mots dans le texte sacré, et je ne pouvais pas les effacer. L'effet était le même que si le mot « bon » avait été ajouté à la phrase. "Aime ton prochain" - aime ton bon prochain, le voisin qui est d'accord avec toi !

Toute la signification du passage était changée par cette phrase « sans cause ». Les versets 23 et 24, qui nous exhortent à nous réconcilier avec tous les hommes avant de faire appel à l'aide divine, ont également perdu leur sens direct et impératif et ont acquis une portée conditionnelle sous l'influence de la qualification qui précède. Il m'avait semblé pourtant que Jésus interdisait toute colère, tout mauvais sentiment, et, pour qu'ils ne perdurent pas dans nos cœurs, nous exhortait, avant d'entrer en communion avec Dieu, à nous demander s'il y avait quelqu'un qui puisse être en colère contre Dieu. nous. Si tel était le cas, que cette colère soit avec ou sans cause, il nous ordonnait de nous réconcilier. C'est ainsi que j'avais interprété le passage ; mais il semblait désormais, selon les commentateurs, que l'injonction devait être considérée comme une affirmation conditionnelle. Les commentateurs ont tous expliqué qu'il fallait essayer d'être en paix avec tout le monde ; mais, ajoutaient-ils, si cela est impossible, si, poussé par de mauvais instincts, quelqu'un est en inimitié avec vous, essayez de vous réconcilier avec lui en esprit, en idée, et alors l'inimitié des autres ne sera pas un obstacle à la communion divine. .

Et ce n'était pas tout. Les mots : « Quiconque dira à son frère Raca sera en danger du concile » m'ont toujours paru étranges et absurdes. S'il nous est interdit d'insulter, pourquoi cet exemple avec son épithète ordinaire et inoffensive ; pourquoi cette menace terrible contre ceux qui profèrent des injures aussi faibles que celles impliquées dans le mot *raca* , qui signifie un bon à rien ? Tout cela m'était obscur.

J'étais convaincu que j'étais confronté à un problème semblable à celui auquel j'avais été confronté dans les mots « *Ne jugez pas* ». Je sentais qu'ici encore le sens simple, grand, précis et pratique de Jésus avait été caché, et que les commentateurs tâtonnaient dans la tristesse. Il me semblait que Jésus, en disant : « *Réconcilie-toi avec ton frère* », ne pouvait pas vouloir dire : « Réconcilie-toi en idée », explication peu claire, à supposer qu'elle fût vraie. J'ai compris ce que Jésus voulait dire quand, reprenant les paroles du prophète, il a dit : « *J'aurai pitié et non un sacrifice* ; » c'est-à-dire que je veux que les hommes s'aiment les uns les autres. Si vous voulez que vos actes soient agréables à Dieu, alors, avant d'offrir la prière, interrogez votre conscience ; et si vous trouvez que quelqu'un est en colère contre vous, allez faire la paix avec lui, puis priez comme vous le désirez. Après cette interprétation claire, que devais-je comprendre par le commentaire « se réconcilier dans les idées » ?

J'ai vu que ce qui me semblait le seul sens clair et direct du verset était détruit par l'expression « sans cause ». Si je pouvais éliminer cela, il n'y aurait aucune difficulté à en faire une interprétation lucide. Mais tous les commentateurs étaient unis contre une telle démarche ; et le texte canonique autorisait le rendu auquel je m'opposais. Je ne pouvais pas laisser tomber ces mots arbitrairement, et pourtant, s'ils étaient exclus, tout deviendrait clair. J'ai donc cherché une interprétation qui ne serait pas en conflit avec le sens de l'ensemble du passage.

J'ai consulté le dictionnaire. En grec ordinaire, le mot ε ἰ κ ῆ signifie « inconsidérément, inconsidérément ». J'ai essayé de trouver un terme qui ne détruirait pas le sens ; mais les mots « sans cause » avaient clairement le sens qui leur était attribué. Dans le grec du Nouveau Testament, la signification de ε ἰ κ ῆ est exactement la même. J'ai consulté les concordances. Le mot n'apparaît qu'une seule fois dans les Évangiles, à savoir dans ce passage. Dans la première épître aux Corinthiens, XV. 2, cela se produit exactement dans le même sens. Il est impossible de l'interpréter autrement, et si nous l'acceptons, nous devons conclure que Jésus a prononcé en termes vagues un commandement facilement interprété de manière à n'avoir aucun effet. L'admettre me semblait équivaloir à rejeter l'Évangile tout entier. Restait encore une ressource : le mot se trouvait-il dans tous les manuscrits ? J'ai consulté Griesbach , qui enregistre toutes les variantes reconnues, et j'ai découvert avec joie que le passage en question n'était pas invariable, et que la variation dépendait du mot ε ἰ κ ῆ . Dans la plupart des textes évangéliques et des citations des Pères, ce mot n'apparaît pas. J'ai consulté Tischendorf pour la lecture la plus ancienne : le mot ε ἰ κ ῆ n'apparaissait pas.

Ce mot, si destructeur du sens de la doctrine de Jésus, est donc une interpolation qui ne s'était pas glissée dans les meilleurs exemplaires de l'Évangile jusqu'au cinquième siècle. Un copiste a ajouté le mot ; d'autres l'approuvèrent et entreprirent son explication. Jésus n'a pas prononcé, n'aurait pas pu prononcer cette terrible parole ; et le sens premier du passage, son sens simple, direct et impressionnant, est la véritable interprétation.

Maintenant que j'ai compris que Jésus interdisait la colère, quelle qu'en soit la cause, et sans distinction de personnes, l'avertissement contre l'emploi des mots « raca » et « insensé » avait une portée bien distincte de toute interdiction relative à la prononciation d'épithètes injurieuses. . L'étrange mot hébreu *raca* , qui n'est pas traduit dans le texte grec, sert à en révéler le sens. *Raca* signifie littéralement « vain, vide, ce qui n'existe pas ». Les Hébreux l'utilisaient beaucoup pour exprimer l'exclusion. Il est employé au pluriel dans les Juges ix. 4, dans le sens de « vide et vain ». Ce mot, Jésus nous interdit de l'appliquer à qui que ce soit, comme il nous interdit d'utiliser le mot « insensé », qui, comme « raca », nous décharge de toutes les obligations de l'humanité. Nous nous mettons en colère, nous faisons du mal aux hommes, puis pour nous excuser, nous disons que l'objet de notre colère est une personne vide, un rebut d'homme, un imbécile. Ce sont précisément de telles paroles que Jésus nous interdit d'appliquer aux hommes. Il nous exhorte à ne nous mettre en colère contre personne et à ne pas excuser notre colère en prétendant que nous avons affaire à une personne vaniteuse, dépourvue de raison.

Ainsi, à la place de phrases insignifiantes, vagues et incertaines sujettes à interprétation arbitraire, j'ai trouvé dans Matthieu v. 21-26 le premier commandement de Jésus : Vivez en paix avec tous les hommes. Ne considérez en aucun cas la colère comme justifiable. Ne considérez jamais un être humain comme sans valeur ou comme un imbécile. Non seulement évitez de vous mettre en colère, mais ne considérez pas la colère des autres à votre égard comme vaine. Si quelqu'un est en colère contre vous, même sans raison, réconciliez-vous avec lui, afin que tous les sentiments hostiles soient effacés. Accordez-vous rapidement avec ceux qui ont un grief contre vous, de peur que l'animosité ne prévale à votre perte.

Le premier commandement de Jésus étant ainsi libéré de l'obscurité, j'ai pu comprendre le second, qui commence aussi par une référence à la loi antique :

" *Vous avez entendu qu'il a été dit par les anciens : Tu ne commettras pas d'adultère. Mais moi, je vous dis que quiconque regarde une femme pour la convoiter a déjà commis un adultère avec elle dans son cœur. Et si ton droit car il est avantageux pour toi qu'un de tes membres périsse, et non que tout ton corps soit jeté en enfer. Et si ta main droite te scandalise, coupe-la. car il est avantageux pour toi qu'un de tes membres périsse, et non que ton corps tout entier soit jeté dans l'enfer. Il a été dit :* [5] *Celui qui répudiera sa femme, sauf. car la cause de la fornication la pousse à commettre l'adultère ; et quiconque épousera une femme divorcée commet un adultère* (Matt. v. 27-32.)

Par ces mots, j'ai compris qu'un homme ne devait pas, même en imagination, admettre qu'il pouvait s'approcher d'une autre femme que celle à laquelle il avait été autrefois uni, et qu'il ne pourrait jamais l'abandonner pour en prendre une autre, bien que cela lui soit permis par le Loi mosaïque.

Dans le premier commandement, Jésus nous conseille d'éteindre le germe de la colère, et illustre son sens par le sort de l'homme qui est livré aux juges ; dans le deuxième commandement, Jésus déclare que la débauche naît de la disposition des hommes et des femmes à se considérer les uns les autres comme des instruments de volupté, et, ceci étant, nous devons nous garder de toute idée qui excite au désir sensuel, et, une fois unis à une femme, de ne jamais l'abandonner sous aucun prétexte, car les femmes ainsi abandonnées sont recherchées par d'autres hommes, et ainsi la débauche est introduite dans le monde.

La sagesse de ce commandement m'a profondément impressionné. Cela supprimerait tous les maux du monde qui résultent des relations sexuelles. Convaincus que la licence dans les relations sexuelles conduit à la dispute, les hommes, obéissant à cette injonction, éviteraient toute cause de volupté, et, sachant que la loi de l'humanité est de vivre en couple, s'uniraient ainsi, et ne détruiraient jamais le lien. du syndicat. Tous les maux résultant des dissensions causées par l'attirance sexuelle seraient supprimés, puisqu'il n'y aurait ni hommes ni femmes privés de relation sexuelle.

Mais j'ai été bien plus impressionné, en lisant le Sermon sur la Montagne, avec les mots « Épargner pour cause de fornication », qui permettaient à un homme de répudier sa femme en cas d'infidélité. La forme même sous laquelle l'idée était exprimée me paraissait indigne de la dignité de l'occasion, car ici, à côté des vérités profondes du Sermon sur la montagne, se produisait, comme une note dans un code criminel, cette étrange exception à la règle générale ; mais je n'insisterai pas sur la question de la forme ; Je ne parlerai que de l'exception elle-même, si entièrement en contradiction avec l'idée fondamentale.

J'ai consulté les commentateurs ; tous, Chrysostome et les autres, même les autorités en matière d'exégèse comme Reuss , tous ont reconnu le sens des paroles comme étant que Jésus permettait le divorce en cas d'infidélité de la femme, et cela, dans l'exhortation contre le divorce au chapitre dix-neuvième. de Matthieu, les mêmes mots avaient la même signification. J'ai lu encore et encore le trente-deuxième verset du cinquième chapitre, et la raison a refusé d'accepter l'interprétation. Pour vérifier mes doutes, j'ai consulté les autres parties des textes du Nouveau Testament, et j'ai trouvé dans Matthieu (xix.), Marc (x.), Luc (xvi.), et dans la première épître de Paul aux Corinthiens, l'affirmation de la doctrine de l'indissolubilité du mariage. Dans Luc (XVI, 18), il est dit :

« Quiconque répudie sa femme et en épouse une autre commet un adultère ; et quiconque épouse celle qui est répudiée par son mari commet un adultère. »

Dans Marc (x. 5-12), la doctrine est également proclamée sans aucune exception :

" Pour la dureté de votre coeur, il [Moïse] *vous a écrit ce précepte. Mais dès le commencement de la création, Dieu les a faits mâle et femelle. C'est pourquoi l'homme quittera son père et sa mère et s'attachera à sa femme. Et ils deux seront une seule chair ; ainsi ils ne sont plus deux, mais une seule chair. Ce que Dieu a donc uni, que l'homme ne le sépare pas. Et dans la maison ses disciples lui demandèrent de nouveau la même chose. Et il leur dit. , Quiconque répudiera sa femme et en épousera une autre, commet un adultère à son égard. Et si une femme répudie son mari et se marie avec un autre, elle commet un adultère .*

La même idée est exprimée dans Matt. XIX. 4-9. Paul, dans la première épître aux Corinthiens (7, 1-11), développe systématiquement l'idée que le seul moyen d'empêcher la débauche est que chaque homme ait sa propre femme, et que chaque femme ait son propre mari, et qu'ils se satisfassent mutuellement. l'instinct sexuel ; puis il dit sans équivoque : « *Que la femme ne se sépare pas de son mari ; mais si elle le quitte, qu'elle reste célibataire ou se réconcilie avec son mari ; et que le mari ne répudie pas sa femme* .

Selon Marc, Luc et Paul, le divorce est interdit. C'est interdit par l'affirmation répétée dans deux des Évangiles, selon laquelle le mari et la femme sont une seule chair que Dieu a unie. C'est interdit par la doctrine de Jésus, qui nous exhorte à pardonner à tout le monde, sans excepter la femme adultère. C'est interdit par le sens général de tout le passage, qui explique que le divorce provoque la débauche, et pour cette raison que le divorce avec une femme adultère est interdit.

Sur quoi donc se fonde l'opinion selon laquelle le divorce est permis en cas d'infidélité de la femme ? Sur les mots qui m'avaient tant impressionné chez Matt. v.32; les paroles que tout le monde prend pour signifier que Jésus permet le divorce en cas d'adultère de la femme ; les mots, répétés dans Matt. XIX. 9, dans un certain nombre d'exemplaires du texte évangélique et par de nombreux Pères de l'Église, les mots « sauf pour cause d'adultère ». J'ai étudié à nouveau attentivement ces mots. Pendant longtemps, je n'ai pas pu les comprendre. Il me semblait qu'il devait y avoir un défaut de traduction et une exégèse erronée ; mais où était la source de l'erreur ? Je ne l'ai pas trouvé ; et pourtant l'erreur elle-même était très évidente.

En opposition à la loi mosaïque, qui déclare que si un homme a de l'aversion pour sa femme, il peut lui rédiger un acte de divorce et la renvoyer de sa maison - en opposition à cette loi, Jésus est amené à déclarer : « *Mais je dis à vous, que quiconque répudiera sa femme, sauf pour cause de fornication, la fera commettre adultère* . » Je n'ai rien vu dans ces paroles qui permette d'affirmer que le divorce était permis ou interdit. On dit que celui qui répudiera sa femme la fera commettre adultère, et une exception est alors faite à l'égard d'une femme coupable d'adultère. Cette exception, qui rejette entièrement sur la *femme la culpabilité de l'infidélité conjugale* , est, en général, étrange et inattendue ; mais ici, par rapport au contexte, c'est tout simplement absurde, car même le sens très douteux qu'on pourrait autrement lui attribuer est entièrement détruit. Celui qui répudie sa femme l'expose au crime d'adultère, et pourtant il est permis à un homme de répudier une femme coupable d'adultère, comme si une femme coupable d'adultère ne commettrait plus d'adultère après avoir été répudiée.

Mais ce n'est pas tout; lorsque j'eus examiné attentivement ce passage, je trouvai également qu'il manquait de sens grammatical. Les mots sont : « Quiconque répudiera sa femme, sauf pour faute d'adultère, l'expose à la commission d'un adultère », et la proposition est complète. Il s'agit du mari, de celui qui, en répudiant sa femme, l'expose à commettre le crime d'adultère

; Quel est donc le sens de l'expression qualificative « sauf en cas de faute d'adultère » ? Si la proposition était sous cette forme : quiconque répudiera sa femme est coupable d'adultère, à moins que la femme elle-même n'ait été infidèle, ce serait grammaticalement correct. Mais dans l'état actuel du passage, le sujet « quiconque » n'a d'autre prédicat que le mot « expose », auquel l'expression « sauf faute d'adultère » ne peut être rattachée. Quel est alors le sens de cette phrase ? Il est clair que, que ce soit pour ou sans faute d'adultère de la part de la femme, le mari qui répudie sa femme l'expose à la commission de l'adultère.

La proposition est analogue à la phrase suivante : Celui qui refuse de nourrir son fils, outre la faute de méchanceté, l'expose à la possibilité d'être cruel. Cette phrase ne peut évidemment pas signifier qu'un père puisse refuser de manger à son fils si celui-ci se montre méchant. Cela ne peut que signifier qu'un père qui refuse de nourrir son fils, en plus d'être méchant envers son fils, expose son fils à la possibilité de devenir cruel. Et de même, la proposition évangélique aurait un sens si l'on pouvait remplacer les mots « faute d'adultère » par libertinage, débauche, ou quelque expression semblable, exprimant non un acte mais une qualité.

Alors je me suis demandé si le sens ici n'était pas simplement que celui qui répudiait sa femme, en plus d'être lui-même coupable de libertinage (puisque personne ne répudie sa femme sauf pour en prendre une autre), expose sa femme à la commission d'un adultère ? Si, dans le texte original, le mot traduit par « adultère » ou « fornication » avait le sens de libertinage, le sens du passage serait clair. Et puis j'ai vécu la même expérience qui m'était arrivée auparavant dans des cas similaires. Le texte confirmait mes suppositions et effaçait entièrement mes doutes.

La première chose qui m'est venue à l'esprit en lisant le texte, c'est que le mot π ορνεί α, traduit en commun avec μοιχ ᾶ σθ αι, « adultère » ou « fornication », est un mot entièrement différent de ce dernier. Mais peut-être que ces deux mots sont utilisés comme synonymes dans les Évangiles ? J'ai consulté le dictionnaire, et j'ai trouvé que le mot π ορνεί α, correspondant en hébreu à *zanah* , en latin à *fornicatio* , en allemand à *hurerei* , en français à *libertinage* , a un sens bien précis, et qu'il n'a jamais signifié, et jamais peut signifier l'acte d'adultère, *ehebruch* , comme Luther et les Allemands après lui ont rendu le mot. Cela signifie un état de dépravation, une qualité et non un acte, et ne peut jamais être correctement traduit par « adultère » ou « fornication ». J'ai trouvé d'ailleurs que « l'adultère » est exprimé dans tout l'Évangile, ainsi que dans le passage considéré, par le mot μοιχεύω . Il me suffisait de corriger la fausse traduction, qui avait évidemment été faite intentionnellement, pour rendre absolument inadmissible le sens attribué au texte par les commentateurs, et pour montrer le rapport grammatical propre de π ορνεί α au sujet de la phrase.

Une personne connaissant le grec interpréterait comme suit : πα ρεκτ ὸ ς , « sauf, à l'extérieur », λόγου , « la matière, la cause », π ορνεί ας, « du libertinage », π οιε ῖ , « oblige », α ὐ . τ ὴ ν , « elle », μοιχ ᾶ σθ αι, « être adultère » — ce qui donne mot pour mot : Celui qui répudie sa femme, outre la faute du libertinage, l'oblige à être adultère.

Nous obtenons la même signification de Matt. XIX. 9. Quand on corrige la traduction non autorisée de π ορνεί α, en substituant « libertinage » à « fornication », on voit tout de suite que l'expression ε ἴ μ ὴ ἐ π ὶ π ορνεί ᾳ ne peut pas s'appliquer à « épouse ». Et comme les mots πα ρεκτ ὸ ς λόγου π ορνεί ας ne pouvait signifier rien d'autre que la faute du libertinage du mari, donc les mots ε ἴ μ ὴ ἐ π ὶ π ορνεί ᾳ , au dix-neuvième chapitre, ne peut avoir autre chose que le même sens. L'expression ε ἴ μ ὴ ἐ π ὶ π ορνεί ᾳ signifie, mot pour mot, « si ce n'est pas par libertinage » (s'abandonner au libertinage). Le sens devient alors clair. Jésus répond à la théorie des Pharisiens, selon laquelle un homme qui abandonne sa femme pour en épouser une autre sans intention de se livrer au libertinage ne commet pas d'adultère - Jésus répond à cette théorie que l'abandon de femme, c'est-à-dire la cessation des relations sexuelles, même si ce n'est pas dans un but de libertinage, mais pour en épouser une autre, n'en est pas moins un adultère. Nous arrivons ainsi au sens simple de ce commandement, sens qui s'accorde avec toute la doctrine, avec les mots dont il est le complément, avec la grammaire et avec la logique. Cette interprétation simple et claire, s'harmonisant si naturellement avec la doctrine et les mots dont elle était issue, je l'ai découverte après les recherches les plus minutieuses et les plus prolongées. Sur une altération préméditée du texte avait été fondée une exégèse qui détruisait le sens moral, religieux, logique et grammatical des paroles de Jésus.

Et ainsi, une fois de plus, j'ai trouvé une confirmation du fait terrible que le sens de la doctrine de Jésus est simple et clair, que ses affirmations sont emphatiques et précises, mais que les commentaires sur la doctrine, inspirés par le désir de sanctionner le mal existant, ont il l'a tellement obscurci qu'un effort déterminé est exigé de celui qui veut connaître la vérité. Si les Évangiles nous étaient parvenus à l'état fragmentaire, il aurait été plus facile (me semblait-il) de restituer le sens véritable du texte que de retrouver ce sens maintenant, sous l'accumulation de commentaires fallacieux qui n'ont apparemment aucune valeur. but sauf pour cacher la doctrine qu'ils sont censés exposer. En ce qui concerne le passage en question, il est évident que pour justifier le divorce de quelque empereur byzantin, ce prétexte ingénieux a été utilisé pour obscurcir la doctrine régissant les relations entre les sexes. Lorsque nous avons rejeté les suggestions des commentateurs, nous échappons au brouillard de l'incertitude, et le deuxième commandement de Jésus devient précis et clair. "Gardez-vous contre le libertinage. Que tout homme justifié d'entrer dans une relation sexuelle ait une femme, et chaque femme un mari, et sous aucun prétexte que cette union soit violée par l'un ou l'autre."

Immédiatement après le deuxième commandement se trouve une autre référence à la loi ancienne, suivie du troisième commandement :

" *Encore une fois, vous avez entendu qu'il a été dit* [6] *par les anciens : Tu ne t'abjureras pas, mais tu accompliras tes serments envers l'Éternel. Mais moi, je vous le dis : ne jure pas du tout, ni par le ciel ; car c'est le trône de Dieu : ni par la terre, car c'est son marchepied, ni par Jérusalem, car c'est la ville du grand roi, et tu ne jureras pas non plus par ta tête, car tu ne peux rendre un seul cheveu blanc ou noir. Mais que vos communications soient : Oui, oui, non, car tout ce qui vient de plus vient du mal* » (Matt. v. 33-37.)

Ce passage m'a toujours troublé lorsque je le lis. Il ne m'a pas gêné par son obscurité, comme le passage sur le divorce ; ou en entrant en conflit avec d'autres passages, comme l'autorisation de la colère pour cause ; ou par la difficulté de l'obéissance, comme dans le cas de l'ordre de tendre l'autre joue ; — cela m'a plutôt troublé par sa clarté, sa simplicité et son caractère pratique. A côté de règles dont je ressentais profondément la grandeur et l'importance, se trouvait cette parole qui me paraissait superflue, frivole, faible et sans conséquence pour moi ni pour les autres. Naturellement, je ne jurais ni par Jérusalem, ni par le ciel, ni par quoi que ce soit d'autre, et cela ne me coûtait pas le moindre effort pour m'en abstenir ; d'un autre côté, il me semblait que le fait que je jure ou ne jure pas ne pouvait avoir la moindre importance pour personne . Et voulant trouver une explication à cette règle, qui me troublait par sa simplicité même, j'ai consulté les commentateurs. Dans ce cas, ils m'ont été d'une grande aide.

Les commentateurs trouvèrent tous dans ces paroles une confirmation du troisième commandement de Moïse : ne pas jurer par le nom du Seigneur ; mais, en plus, ils expliquèrent que ce commandement de Jésus contre le serment n'était pas toujours obligatoire, et n'avait aucune référence au serment que les citoyens sont obligés de prêter devant les autorités. Et ils ont rassemblé des citations de l'Écriture, non pas pour soutenir le sens direct du commandement de Jésus, mais pour prouver quand il doit ou ne doit pas être obéi. Ils prétendaient que Jésus avait lui-même sanctionné le serment devant les tribunaux en répondant : « *Tu as dit* » aux paroles du grand prêtre : « *Je t'adjure par le Dieu vivant* » ; que l'apôtre Paul invoquait Dieu pour témoigner de la vérité de ses paroles, laquelle invocation équivalait évidemment à un serment ; que la loi de Moïse proscrivant le serment n'a pas été abrogée par Jésus ; et que Jésus n'a interdit que les faux serments, les serments des pharisiens et des hypocrites. Quand j'eus lu ces commentaires, j'ai compris qu'à moins d'exclure des serments interdits par Jésus le serment de fidélité à l'État, le commandement était aussi insignifiant que superficiel et aussi facile à mettre en pratique que je l'avais supposé.

Et je me suis posé la question : ce passage contient-il une exhortation à s'abstenir d'un serment que les commentateurs de l'Église s'empressent de justifier ? Ne nous interdit-il pas de prêter le serment indispensable au rassemblement des hommes en groupes politiques et à la formation d'une caste militaire ? Le soldat, cet instrument spécial de violence, est connu en Russie sous le surnom de *prissaiaga* (assermenté). Si j'avais demandé au soldat du Borovitzky Comment il avait résolu la contradiction entre les Évangiles et les règlements militaires, il aurait répondu qu'il avait prêté serment, c'est-à-dire qu'il avait juré par les Évangiles. C'est la réponse que font toujours les soldats. Le serment est si indispensable aux horreurs de la guerre et de la coercition armée qu'en France, où le christianisme est en disgrâce, le serment reste pleinement en vigueur. Si Jésus n'avait pas dit en termes aussi clairs : « Ne prêtez pas serment », l'interdiction devrait être une conséquence de son enseignement. Il est venu supprimer le mal et, s'il n'a pas condamné le serment, il a laissé intact un mal terrible. On peut peut-être dire qu'à l'époque où vivait Jésus, ce mal passait inaperçu ; Mais ce n'est pas vrai. Epictète et Sénèque se déclarent contre le fait de prêter serment. Une règle similaire est inscrite dans les lois de Mani. Les Juifs du temps de Jésus faisaient des prosélytes et les obligeaient à prêter serment. Comment peut-on dire que Jésus n'a pas perçu ce mal alors qu'il l'a interdit en termes clairs, directs et circonstanciés ? Il a dit : « *Ne jure pas du tout .* » Cette expression est aussi simple, claire et absolue que l'expression : « *Ne jugez pas, ne condamnez pas* », et est aussi peu sujette à explication ; De plus, il ajouta à cela : « *Que votre communication soit : Oui, oui ; Non, non ; car tout ce qui est plus que cela vient du mal .* »

Si l'obéissance à la doctrine de Jésus consiste dans l'observance perpétuelle de la volonté de Dieu, comment un homme peut-il jurer d'observer la volonté d'un ou plusieurs autres hommes ? La volonté de Dieu ne peut pas coïncider avec la volonté de l'homme. Et c'est précisément ce que Jésus a dit dans Matth. v.36:—

" *Tu ne jureras pas non plus par ta tête, car tu ne peux rendre un seul cheveu blanc ou noir.* "

Et l'apôtre Jacques dit dans son épître, v. 12 :

" *Mais surtout, mes frères, ne jurez pas, ni par le ciel, ni par la terre, ni par aucun autre serment ; mais que votre oui soit oui, et votre non, non ; de peur que vous ne tombiez en condamnation.* "

L'apôtre nous dit clairement pourquoi nous ne devons pas jurer : le serment en lui-même n'a peut-être pas d'importance, mais par lui les hommes sont condamnés, et nous ne devons donc pas jurer du tout. Comment pourrions-nous exprimer plus clairement la parole de Jésus et de son apôtre ?

Mes idées étaient devenues si confuses que j'avais longtemps gardé devant moi la question : les mots et le sens de ce passage s'accordent-ils ? — cela ne semble pas possible. Mais, après avoir lu attentivement les commentaires, j'ai vu que l'impossible était devenu un fait. Les explications des commentateurs étaient en harmonie avec celles qu'ils avaient proposées concernant les autres commandements de Jésus : ne jugez pas, ne vous fâchez pas, ne violez pas les liens conjugaux.

Nous avons organisé un ordre social que nous chérissons et considérons comme sacré. Jésus, que nous reconnaissons comme Dieu, vient nous dire que notre organisation sociale est mauvaise. Nous le reconnaissons comme Dieu, mais nous ne sommes pas disposés à renoncer à nos institutions sociales. Qu'allons-nous donc faire? Ajoutez, si nous le pouvons, les mots « sans cause » pour annuler le commandement contre la colère ; mutiler le sens d'une autre loi, comme l'ont fait d'audacieux prévaricateurs, en substituant à l'ordre interdisant absolument le divorce, une phraséologie qui permet le divorce ; et s'il n'y a aucun moyen possible d'en tirer une signification équivoque, comme dans le cas des commandements « *Ne jugez pas, ne condamnez pas* » et « *Ne jure pas du tout* », alors avec la plus grande effronterie, violons ouvertement la règle en affirmant que nous obéissez-y.

En fait, le principal obstacle à la compréhension de la vérité selon laquelle l'Évangile interdit toutes sortes de serments réside dans le fait que nos commentateurs pseudo-chrétiens eux-mêmes, avec une audace sans exemple, prêtent serment sur l'Évangile lui-même. Ils font jurer les hommes par l'Évangile, c'est-à-dire qu'ils font tout le contraire de ce que commande l'Évangile. Pourquoi ne vient-il jamais à l'esprit de l'homme à qui l'on fait prêter serment sur la croix et sur l'Évangile que la croix n'a été rendue sacrée que par la mort de celui qui interdisait tout serment, et qu'en baisant le livre sacré, il presse peut-être son lèvres sur la page même où est inscrit le commandement clair et direct : « *Ne jure pas du tout* » ?

Mais je n'étais plus troublé quant au sens du passage contenu dans Matt. v. 33-37, lorsque j'ai trouvé la déclaration claire du troisième commandement, selon laquelle nous ne devons pas prêter serment, puisque tous les serments sont imposés dans un but mauvais.

Après le troisième commandement vient la quatrième référence à la loi ancienne et l'énonciation du quatrième commandement :

" *Vous avez entendu qu'il a été dit : Œil pour œil et dent pour dent. Mais moi, je vous le dis, ne résistez pas au mal. Mais si quelqu'un vous frappe sur la joue droite, tournez-lui l'autre. Et si quelqu'un veut te poursuivre en justice et t'enlever ta tunique, laisse-lui aussi ton manteau. Et quiconque te contraindra de faire un kilomètre, va-en avec deux à celui qui te le demande . Ne te détourne pas de celui qui veut emprunter de toi »* (Matt. V. 38-42.)

J'ai déjà parlé du sens direct et précis de ces mots ; J'ai déjà dit que nous n'avons aucune raison de fonder sur eux une explication allégorique. Les commentaires qui ont été faits à leur sujet, depuis l'époque de Chrysostome jusqu'à nos jours, sont vraiment surprenants. Les paroles plaisent à tout le monde et inspirent toutes sortes de réflexions profondes, sauf une : ces paroles expriment exactement ce que Jésus voulait dire. Les commentateurs de l'Église, pas du tout impressionnés par l'autorité de celui qu'ils reconnaissent comme Dieu, déforment hardiment le sens de ses paroles. Ils nous disent, bien entendu, que ces commandements de supporter les offenses et de s'abstenir de représailles sont dirigés contre le caractère vindicatif des Juifs ; Non seulement ils n'excluent pas toutes les mesures générales visant à réprimer le mal et à punir les malfaiteurs, mais ils exhortent chacun à l'effort individuel et personnel pour maintenir la justice, appréhender les agresseurs et empêcher les méchants de faire du mal aux gens. d'autres, car autrement (nous disent-ils) ces commandements spirituels du Sauveur deviendraient, comme ils le devinrent chez les Juifs, lettre morte, et ne serviraient qu'à propager le mal et à supprimer la vertu. L'amour du chrétien doit être calqué sur l'amour de Dieu ; mais l'amour divin circonscrit et réprouve le mal seulement dans la mesure où cela peut être requis pour la gloire de Dieu et la sécurité de ses serviteurs. Si le mal se propage, il faut lui fixer des limites et le punir : c'est le devoir des autorités. [7]

Les érudits chrétiens et les libres penseurs ne sont pas gênés par le sens de ces paroles de Jésus, et n'hésitent pas à les corriger. Les sentiments exprimés ici, nous disent-ils, sont très nobles, mais complètement inapplicables à la vie ; car si nous pratiquions à la lettre le commandement « *Ne résistez pas au mal* », notre tissu social tout entier serait détruit. C'est ce que nous disent Renan, Strauss et tous les commentateurs libéraux. Cependant, si nous prenons les paroles de Jésus comme nous prendrions les paroles de quiconque nous parle, et admettons qu'il dit exactement ce qu'il dit, toutes ces circonlocutions profondes disparaissent. Jésus dit : « Votre système social est absurde et erroné. Je vous en propose un autre. » Et puis il prononce les enseignements rapportés par Matthieu (v. 38-42). Il semblerait qu'avant de les corriger il faille les comprendre ; or, c'est exactement ce que personne ne souhaite faire. Nous décidons d'avance que l'ordre social qui régit notre existence, et qui est aboli par ces paroles, est la loi supérieure de l'humanité.

Pour ma part, je considère que notre ordre social n'est ni sage ni sacré ; et c'est pourquoi j'ai compris ce commandement alors que d'autres ne l'ont pas compris. Et quand j'ai compris ces mots tels qu'ils sont écrits, j'ai été frappé par leur vérité, leur lucidité et leur précision. Jésus a dit : « Vous voulez supprimer le mal par le mal ; cela n'est pas raisonnable. Pour abolir le mal, évitez de commettre le mal. » Puis il énumère les cas où nous avons l'habitude de rendre le mal pour le mal, et dit que dans ces cas nous ne devrions pas le faire.

Ce quatrième commandement est celui que j'ai compris pour la première fois ; et cela m'a révélé le sens de tous les autres. Ce quatrième commandement simple, clair et pratique dit : « Ne résistez jamais au mal par la force, ne rendez jamais violence pour violence : si quelqu'un vous bat, supportez-le ; si quelqu'un veut vous priver de quelque chose, cédez à ses volontés ; si quelqu'un veut forcez-vous à travailler, travaillez ; si quelqu'un veut vous enlever votre propriété, abandonnez-la à sa demande.

Après le quatrième commandement, nous trouvons une cinquième référence à la loi ancienne, suivie du cinquième commandement :

" *Vous avez entendu qu'il a été dit : [8] Tu aimeras ton prochain et tu haïras ton ennemi. Mais moi je vous dis : Aimez vos ennemis, bénissez ceux qui vous maudissent, faites du bien à ceux qui vous haïssent et priez pour ceux qui vous maltraitent et vous persécutent, afin que vous soyez les enfants de votre Père qui est dans les cieux : car il il fait lever son soleil sur les méchants et sur les bons, et il fait pleuvoir sur les justes et sur les injustes. Car si vous aimez ceux qui vous aiment, quelle récompense avez-vous ? même les publicains n'en font-ils pas autant ? Et si vous saluez seulement vos frères, que faites-vous de plus que les autres ? même les publicains ne le font-ils pas ? Soyez donc parfaits, comme votre Père qui est aux cieux est parfait.* " (Matt. v. 43-48.)

J'avais autrefois considéré ces versets comme une continuation, une exposition, une application, je pourrais presque dire une exagération, des mots : « *Ne résistez pas au mal* ». Mais comme j'avais trouvé un sens simple, précis et pratique à chacun des passages commençant par une référence à la loi ancienne, j'anticipais ici une expérience similaire. Jusqu'à présent, après chaque référence de ce genre était venu un commandement, et chaque commandement avait été important et distinct dans sa signification ; il devrait en être ainsi maintenant. Les derniers mots du passage, répétés par Luc, disent que Dieu ne fait aucune distinction entre les personnes, mais prodigue ses dons à tous, et que nous, suivant ses préceptes, devons considérer tous les hommes comme également dignes, et faites du bien à tous, ces paroles étaient claires ; ils me semblaient être une confirmation et une exposition d'une loi définie – mais quelle était cette loi ? Pendant longtemps, je n'ai pas pu le comprendre.

Aimer ses ennemis ? c'était impossible. C'était une de ces pensées sublimes qu'il faut considérer seulement comme l'indication d'un idéal moral impossible à atteindre. Cela exigeait tout ou rien. Nous pourrions peut-être nous abstenir de faire du mal à nos ennemis — mais les aimer ! — non ; Jésus n'a pas ordonné l'impossible. Et d'ailleurs, dans les paroles se référant à l'ancienne loi : « *Vous avez entendu dire qu'il a été dit : Tu dois... haïr ton ennemi* », il y avait lieu de douter. Dans d'autres références, Jésus a cité textuellement les termes de la loi mosaïque ; mais ici, il cite apparemment des mots qui n'ont pas une telle autorité ; il semble calomnier la loi de Moïse.

Comme pour mes doutes antérieurs, les commentateurs ne m'ont désormais donné aucune explication sur la difficulté. Ils convinrent tous que les mots « *haïs ton ennemi* » ne figuraient pas dans la loi mosaïque, mais ils n'offrèrent aucune suggestion quant au sens de cette expression non autorisée. Ils parlaient de la difficulté d'aimer ses ennemis, c'est-à-dire les hommes méchants (ils corrigeaient ainsi les paroles de Jésus) ; et ils disaient que s'il est impossible d'aimer nos ennemis, nous pouvons nous abstenir de leur souhaiter du mal et de leur infliger du mal. En outre, ils ont insinué que nous pouvions et devions « convaincre » nos ennemis, c'est-à-dire leur résister ; ils parlaient des différents degrés d'amour que nous pouvions atteindre pour nos ennemis, d'où la conclusion finale était que Jésus, pour une raison inexplicable, citait comme tirées de la loi de Moïse des paroles qui n'y étaient pas trouvées, puis prononçait une foule de phrases sublimes, au fond impraticables et vides de sens.

Je ne peux pas être d'accord avec cette conclusion. Dans ce passage, comme dans les passages contenant les quatre premiers commandements, il doit y avoir une signification claire et précise. Pour trouver ce sens, je me suis mis tout d'abord à découvrir le sens des mots contenant la référence inexacte à l'ancienne loi : « *Vous avez entendu dire qu'il a été dit : Tu dois... haïr ton ennemi* . Jésus avait quelque raison de placer en tête de chacun de ses commandements certaines parties de l'ancienne loi pour servir d'antithèses à sa propre doctrine. Si nous ne comprenons pas ce que signifient les citations de la loi ancienne, nous ne pouvons pas comprendre ce que Jésus a interdit. Les commentateurs disent franchement (il est impossible de ne pas le dire) que Jésus a utilisé dans ce cas des mots qu'on ne trouve pas dans la loi mosaïque, mais ils ne nous disent pas pourquoi il l'a fait ni quel sens nous devons attacher à ce mot. mots ainsi utilisés.

Il m'a semblé avant tout nécessaire de savoir ce que Jésus avait en vue lorsqu'il citait ces paroles qu'on ne trouve pas dans la loi. Je me suis demandé ce que ces mots pouvaient signifier. Dans toutes les autres références de ce genre, Jésus cite une seule règle de la loi ancienne : « Tu ne tueras pas » – « Tu ne commettras pas d'adultère » – « Tu ne te parjureras pas » – « Œil pour œil, dent ». pour une dent" - et en ce qui concerne chaque règle, il propose sa propre doctrine. Dans le cas considéré, il cite deux règles contrastées : « *Vous avez entendu dire qu'il a été dit : Tu aimeras ton prochain et tu haïras ton ennemi*

», — d'où il semblerait que le contraste entre ces deux règles de l'ancienne loi , par rapport au prochain et à l'ennemi, devrait être la base de la nouvelle loi. Pour bien comprendre quel était ce contraste, j'ai cherché le sens des mots « prochain » et « ennemi », tels qu'ils sont utilisés dans le texte évangélique. Après avoir consulté des dictionnaires et des textes bibliques, j'étais convaincu que « prochain » en langue hébraïque signifiait, invariablement et exclusivement, un hébreu. On retrouve le même sens exprimé dans la parabole évangélique du Samaritain. De la question du scribe juif (Luc X, 29), « *Et qui est mon prochain ?* », il ressort clairement qu'il ne considérait pas le Samaritain comme tel. Le mot « prochain » est utilisé avec le même sens dans Actes VII. 27. « Voisin », en langage évangélique, signifie un compatriote, une personne appartenant à la même nationalité. Ainsi donc, l'antithèse utilisée par Jésus dans la citation « *aime ton prochain, déteste ton ennemi* » doit être dans la distinction entre les mots « compatriote » et « étranger ». J'ai ensuite cherché la compréhension juive du terme « ennemi » et j'ai trouvé ma supposition confirmée. Le mot « ennemi » est presque toujours employé dans les Évangiles dans le sens, non d'un ennemi personnel, mais, en général, d'un « peuple hostile » (Luc 1 , 71, 74 ; Matth. xxii, 44 ; Marc XII. 36 ; Luc XX. 43, etc.). L'utilisation du mot « ennemi » au singulier, dans l'expression « *déteste ton ennemi* », m'a convaincu que le sens était « peuple hostile ». Dans l'Ancien Testament, la notion de « peuple hostile » est presque toujours exprimée au singulier.

Quand j'ai compris cela, j'ai compris pourquoi Jésus, qui avait auparavant cité les paroles authentiques de la loi, avait cité ici les mots « *hais ton ennemi* ». Lorsque nous comprenons le mot « ennemi » dans le sens de « peuple hostile » et « voisin » dans le sens de « compatriote », la difficulté est complètement résolue. Jésus a parlé de la manière dont Moïse a ordonné aux Hébreux d'agir envers les « peuples hostiles ». Les divers passages disséminés dans les différents livres de l'Ancien Testament, prescrivant l'oppression, le massacre et l'extermination des autres peuples, Jésus les résuma en un seul mot : « détester », faire la guerre à l'ennemi. Il dit en substance : « Vous avez entendu dire que vous devez aimer ceux de votre race et haïr les étrangers ; mais je vous le dis, aimez tout le monde sans distinction de nationalité. » Quand j'eus compris ces mots ainsi, je vis immédiatement la force de la phrase : « *Aimez vos ennemis* ». Il est impossible d'aimer ses ennemis personnels ; mais il est parfaitement possible d'aimer les citoyens d'une nation étrangère également que ses compatriotes. Et j'ai bien vu qu'en disant : « *Vous avez entendu qu'il a été dit : Tu aimeras ton prochain et tu haïras ton ennemi. Mais moi, je vous le dis : Aimez vos ennemis* », Jésus voulait dire que les hommes ont l'habitude de de considérer les compatriotes comme des voisins et les étrangers comme des ennemis ; et il le réprimanda. Son sens était que la loi de Moïse établissait une différence entre les Hébreux et les étrangers, les peuples hostiles ; mais il a interdit une telle différence. Et puis, selon Matthieu et Luc, après avoir donné ce commandement, il dit qu'avec Dieu tous les hommes sont égaux, tous sont réchauffés par le même soleil, tous profitent de la même pluie. Dieu ne fait aucune distinction entre les peuples et prodigue ses dons à tous les hommes ; les hommes doivent agir exactement de la même manière les uns envers les autres, sans distinction de nationalité, et non comme les païens, qui se divisent en nationalités distinctes.

Ainsi, une fois de plus, je trouvai confirmé de toutes parts le sens simple, clair, important et pratique des paroles de Jésus. Une fois de plus, au lieu d'une phrase obscure, j'avais trouvé une règle claire, précise, importante et pratique : Ne faire aucune distinction entre compatriotes et étrangers, et s'abstenir de tous les résultats d'une telle distinction, — d'hostilité envers les étrangers, des guerres, de toute participation à la guerre, de tous préparatifs de guerre ; établir avec tous les hommes, de quelque nationalité que ce soit, les mêmes relations accordées aux compatriotes. Tout cela était si simple et si clair, que je fus étonné de ne pas m'en être aperçu dès le premier instant.

La cause de mon erreur était la même que celle qui m'avait embarrassé à propos des passages relatifs aux jugements et à la prestation des serments. Il est très difficile de croire que des tribunaux soutenus par des chrétiens déclarés, bénis par ceux qui se considèrent comme les gardiens de la loi de Jésus, puissent être incompatibles avec la religion chrétienne ; pourrait en fait être diamétralement opposé. Il est encore plus difficile de croire que le serment que nous sommes obligés de prêter par les gardiens de la loi de Jésus, soit directement réprouvé par cette loi. Admettre que tout dans la vie ce qui est considéré comme essentiel et naturel, aussi bien que ce qu'on considère comme le plus noble et le plus grand, l'amour de la patrie, sa défense , sa gloire, la bataille avec ses ennemis, admettre que tout cela n'est pas seulement une infraction à la loi de Jésus, mais qui est directement dénoncée par Jésus, — ceci, dis-je, est difficile.

Notre existence est maintenant si entièrement en contradiction avec la doctrine de Jésus, que ce n'est qu'avec la plus grande difficulté que nous pouvons en comprendre le sens. Nous avons été si sourds aux règles de vie qu'il nous a données, à ses explications, non seulement lorsqu'il nous ordonne de ne pas tuer, mais lorsqu'il nous met en garde contre la colère, lorsqu'il nous ordonne de ne pas résister au mal, de se tourner vers lui. l'autre joue, pour aimer nos ennemis ; nous sommes tellement habitués à parler d'un corps d'hommes spécialement organisés pour le meurtre, comme d'une armée chrétienne, nous sommes tellement habitués aux prières adressées au Christ pour l'assurance de la victoire, nous qui avons fait de l'épée, ce symbole du meurtre, un objet presque sacré (si bien qu'un homme privé de ce symbole, de son épée, est un homme déshonoré) ; nous y sommes tellement habitués, dis-je, que les paroles de Jésus nous paraissent compatibles avec la guerre. Nous disons : « S'il l'avait interdit, il l'aurait dit clairement. » Nous oublions que Jésus n'avait pas prévu que des hommes ayant foi en sa doctrine d'humilité, d'amour et de fraternité pourraient un jour, avec calme et préméditation, s'organiser pour le meurtre de leurs frères.

Jésus n'avait pas prévu cela et n'a donc pas interdit à un chrétien de participer à la guerre. Un père qui exhorte son fils à vivre honnêtement, à ne jamais faire de tort à personne et à donner tout ce qu'il possède aux autres, n'interdirait pas à son fils de tuer des gens sur la route. Aucun des apôtres, aucun disciple de Jésus durant les premiers siècles du christianisme, n'a compris la nécessité d'interdire à un chrétien cette forme de meurtre que nous appelons la guerre.

Voici par exemple ce que dit Origène dans sa réponse à Celse : [9] —

« Ensuite, Celse nous exhorte « à aider le roi de toutes nos forces, à travailler avec lui au maintien de la justice, à combattre pour lui ; et, s'il l'exige, à combattre sous ses ordres ou à diriger une armée ». armée avec lui. À cela, notre réponse est que nous apportons, lorsque l'occasion l'exige, une aide aux rois, et cela, pour ainsi dire, une aide divine, « en revêtant toute l' armure de Dieu ». Et nous faisons cela en obéissance à l'injonction de l'apôtre : « J'exhorte donc que tout d'abord, des supplications, des prières, des intercessions et des remerciements soient faits pour tous les hommes, pour les rois et pour tous ceux qui sont dans autorité'; et plus quelqu'un excelle en piété, plus il apporte une aide efficace aux rois, plus encore que celle donnée par les soldats, qui partent combattre et tuer autant d'ennemis qu'ils le peuvent. de notre foi qui nous demandent de porter les armes pour la république et de tuer des hommes, nous pouvons répondre : « Ceux qui sont prêtres dans certains sanctuaires et ceux qui s'occupent de certains dieux, comme vous les estimez, ne gardent-ils pas la main ? libres de sang, afin qu'ils puissent, avec des mains pures et exemptes de sang humain, offrir les sacrifices désignés à vos dieux et même lorsque la guerre est sur vous, vous n'enrôlez jamais les prêtres dans l'armée. Si donc c'est une coutume louable. , à plus forte raison que pendant que d'autres sont engagés dans la bataille, eux aussi devraient s'engager comme prêtres et ministres de Dieu, gardant leurs mains pures et luttant dans des prières à Dieu en faveur de ceux qui combattent pour une juste cause, et pour le roi qui règne avec justice, afin que tout ce qui s'oppose à ceux qui agissent avec justice soit détruit !'"

Et à la fin du chapitre, en expliquant que les chrétiens, par leur vie paisible, sont bien plus utiles aux rois que ne le sont les soldats, Origène dit :

" Et personne ne combat mieux pour le roi que nous. Nous ne combattons pas sous ses ordres, bien qu'il l'exige ; mais nous combattons en son nom, formant une armée spéciale, une armée de piété, en offrant nos prières. à Dieu."

C'est ainsi que les chrétiens des premiers siècles considéraient la guerre, et tel était le langage que leurs dirigeants adressaient aux dirigeants de la terre à une époque où les martyrs périssaient par centaines et par milliers pour avoir confessé la religion de Jésus, le Christ.

Et maintenant la question n'est-elle pas réglée de savoir si un chrétien peut ou non faire la guerre ? Tous les jeunes gens élevés selon la doctrine de l'Église dite chrétienne, sont tenus, à une date déterminée au cours de chaque automne, de se présenter aux bureaux de conscription et, sous la direction de leurs directeurs spirituels, de renoncer délibérément à la religion de Jésus. Il n'y a pas si longtemps, un paysan refusait le service militaire sous prétexte que c'était contraire à l'Évangile. Les docteurs de l'Église expliquèrent au paysan son erreur ; mais comme le paysan avait foi, non pas en leurs paroles, mais en celles de Jésus, il fut jeté en prison, où il resta jusqu'à ce qu'il soit prêt à renoncer à la loi du Christ. Et tout cela s'est produit après que les chrétiens eurent entendu pendant mille huit cents ans le commandement clair, précis et pratique de leur Maître, qui enseigne de ne pas considérer les hommes de nationalité différente comme des ennemis, mais de considérer tous les hommes comme des frères, et de maintenir avec eux le mêmes relations existant entre compatriotes ; s'abstenir non seulement de tuer ceux qu'on appelle ennemis, mais de les aimer et de subvenir à leurs besoins.

Quand j'eus compris ces commandements simples et précis de Jésus, ces commandements si mal adaptés aux ingénieuses déformations des commentateurs, — je me demandai quel serait le résultat si tout le monde chrétien y croyait, croyait non seulement à les lire et à les chanter. pour la gloire de Dieu, mais aussi en leur obéissant pour le bien de l'humanité ? Quel serait le résultat si les hommes croyaient à l'observance de ces commandements au moins aussi sérieusement qu'ils croient aux dévotions quotidiennes, à l'assistance au culte dominical, aux jeûnes hebdomadaires, au saint sacrement ? Quel serait le résultat si la foi des hommes en ces commandements était aussi forte que leur foi dans les exigences de l'Église ? Et puis j'ai vu en imagination une société chrétienne vivant selon ces commandements et éduquant la jeune génération à suivre leurs préceptes. J'ai essayé d'imaginer les résultats si nous enseignions à nos enfants dès l'enfance, non pas ce que nous leur apprenons aujourd'hui – à maintenir leur dignité personnelle, à défendre leurs privilèges personnels contre les empiétements d'autrui (ce que nous ne pouvons jamais faire sans humilier ou offenser les autres) – mais à enseignez-leur que nul homme n'a droit à des privilèges et ne peut être ni au-dessus ni au-dessous d'autrui ; que seul celui qui essaie de dominer les autres s'avilit et se rabaisse ; qu'un homme ne peut être dans un état plus méprisable que lorsqu'il est en colère contre un autre ; que ce qui peut paraître insensé et méprisable chez un autre n'est pas une excuse pour la colère ou l'inimitié. J'ai cherché à imaginer les résultats si, au lieu de vanter notre organisation sociale telle qu'elle est aujourd'hui, avec ses théâtres, ses romans, ses somptueuses méthodes pour stimuler les désirs sensuels, si, au lieu de cela, nous enseignions à nos enfants par précepte et par exemple, que la lecture de romans lascifs et la fréquentation des théâtres et des bals sont la plus vulgaire de toutes les distractions, et qu'il n'y a rien de plus grotesque et de plus humiliant que de passer son temps à collectionner et à arranger ses atours personnels pour faire de son corps un objet de convoitise. montrer. J'ai essayé d'imaginer un état de société où, au lieu de permettre et d'approuver le libertinage des jeunes hommes avant le mariage, au lieu de considérer la séparation du mari et de la femme comme naturelle et souhaitable, au lieu de donner aux femmes le droit légal de pratiquer le métier de la prostitution , au lieu d'approuver et de sanctionner le divorce - si, au lieu de cela, nous enseignions par des paroles et des actes que l'état de célibat, l'existence solitaire d'un homme convenablement doté et qui n'a pas renoncé à la relation sexuelle, est un monstrueux et opprobre faux; et que l'abandon de femme par mari ou de mari par femme pour l'amour d'un autre est un acte contre nature, un acte bestial et inhumain.

Au lieu de considérer comme naturel que toute notre existence soit contrôlée par la coercition ; que chacun de nos divertissements soit assuré et entretenu par la force ; que chacun de nous, depuis l'enfance jusqu'à la vieillesse, soit tour à tour victime et bourreau - au lieu de cela, j'essayais de me représenter les résultats si, par des préceptes et des exemples, nous tâchions d'inspirer au monde la conviction que la vengeance est un sentiment indigne de l'humanité. ; que la violence n'est pas seulement avilissante, mais qu'elle nous prive de toute capacité de bonheur ; que les vrais plaisirs de la vie ne sont pas ceux entretenus par la force ; et que notre plus grande considération doit être accordée, non pas à ceux qui accumulent des richesses au détriment des autres, mais à ceux qui servent au mieux les autres et donnent ce qu'ils ont pour atténuer les malheurs de leur espèce. Si, au lieu de considérer le fait de prêter serment et de mettre notre personne et notre vie à la disposition d'autrui comme un acte légitime et louable, j'essayais d'imaginer quel serait le résultat si nous enseignions que la volonté éclairée de l'homme est seule. sacré; et que si un homme se met à la disposition de quelqu'un et promet par serment quoi que ce soit, il renonce à sa virilité rationnelle et outrage son droit le plus sacré. J'ai essayé d'imaginer les résultats, si, au lieu de la haine nationale qui nous inspire sous le nom de « patriotisme » ; si, à la place de la gloire associée à cette forme de meurtre qu'on appelle la guerre, si, à la place de celle-ci, on nous enseignait au contraire l'horreur et le mépris de tous les moyens, militaires, diplomatiques et politiques, qui servir à diviser les hommes ; si nous étions éduqués à considérer la division des hommes en États politiques et la diversité des codes et des frontières comme un indice de barbarie ; et que massacrer les autres est un forfait des plus horribles, qui ne peut être exigé que d'un homme dépravé et égaré, tombé au niveau le plus bas de la brute. J'imaginais que tous les hommes étaient parvenus à ces convictions, et j'ai réfléchi à ce que je pensais être le résultat.

Jusqu'à présent (ai-je dit), quels ont été les résultats pratiques de la doctrine de Jésus telle que je la comprends ? et la réponse involontaire fut : Rien. Nous continuons à prier, à prendre les sacrements, à croire à la rédemption et à notre salut personnel ainsi qu'à celui du monde par Jésus le Christ, et pourtant ce salut ne viendra jamais par nos efforts, mais viendra car l'époque fixée pour la fin du monde sera arrivée où le Christ apparaîtra dans sa gloire pour juger les vivants et les morts, et le royaume des cieux sera établi.

Or, la doctrine de Jésus, telle que je la comprenais, avait une signification entièrement différente. L'établissement du royaume de Dieu dépendait de nos efforts personnels dans la pratique de la doctrine de Jésus telle qu'elle est exposée dans les cinq commandements, qui ont institué le royaume de Dieu sur terre. Le royaume de Dieu sur terre consiste en ceci que tous les hommes doivent être en paix les uns avec les autres. C'est ainsi que les prophètes hébreux concevaient le règne de Dieu. La paix entre les hommes est la plus grande bénédiction qui puisse exister sur cette terre, et elle est à la portée de tous les hommes. Cet idéal est dans chaque cœur humain. Les prophètes ont tous apporté aux hommes la promesse de la paix. Toute la doctrine de Jésus n'a qu'un seul objectif : établir la paix – le royaume de Dieu – entre les hommes.

Dans le Sermon sur la Montagne, dans l'entretien avec Nicodème, dans les instructions données à ses disciples, dans tous ses enseignements, Jésus ne parlait que de cela, des choses qui divisaient les hommes, qui les empêchaient de la paix, qui les empêchaient d'entrer. dans le royaume des cieux. Les paraboles nous font comprendre ce qu'est le royaume des cieux et nous montrent le seul moyen d'y entrer, qui est d'aimer nos frères et d'être en paix avec tous. Jean-Baptiste, le précurseur de Jésus, proclama l'approche du royaume de Dieu et déclara que Jésus devait l'amener sur terre. Jésus lui-même a dit que sa mission était d'apporter la paix :

« Je vous laisse la paix, je vous donne ma paix ; je ne vous la donne pas comme le monde la donne. Que votre cœur ne soit pas troublé et qu'il ne soit pas effrayé » (Jean XIV, 27).

Et l'observance de ses cinq commandements apportera la paix sur la terre. Ils n'ont tous qu'un seul but : l'établissement de la paix entre les hommes. Si seulement les hommes croyaient en la doctrine de Jésus et la pratiquaient, le règne de la paix viendrait sur terre, non pas cette paix qui est l'œuvre de l'homme, partielle, précaire et à la merci du hasard ; mais la paix qui est omniprésente, inviolable et éternelle.

Le premier commandement nous dit d'être en paix avec chacun et de ne considérer personne comme insensé ou indigne. Si la paix est violée, nous devons chercher à la rétablir. La vraie religion réside dans l'extinction de l'inimitié entre les hommes. Nous devons nous réconcilier sans délai, afin de ne pas perdre cette paix intérieure qui est la vraie vie (Matt. v. 22-24). Tout est compris dans ce commandement ; mais Jésus connaissait les tentations du monde qui empêchent la paix entre les hommes. La première tentation périlleuse pour la paix est celle du rapport sexuel. Nous ne devons pas considérer le corps comme un instrument de convoitise ; chaque homme doit avoir une femme, et chaque femme un mari, et l'un ne doit jamais abandonner l'autre sous aucun prétexte (Matt. v. 28-32). La deuxième tentation est celle du serment, qui entraîne les hommes au péché ; c'est faux, et nous ne devons pas être liés par une telle promesse (Matt. v. 34-37). La troisième tentation est celle de la vengeance, que nous appelons justice humaine ; nous ne devons y recourir sous aucun prétexte ; nous devons endurer les offenses et ne jamais rendre le mal pour le mal (Matt. v. 38-42). La quatrième tentation est celle qui naît de la différence des nationalités, de l'hostilité entre les peuples et les États ; mais nous devons nous rappeler que tous les hommes sont frères et enfants du même Père, et donc veiller à ce que la différence de nationalité ne conduise pas à la destruction de la paix (Matt. v. 43-48).

Si les hommes s'abstiennent de pratiquer l'un de ces commandements, la paix sera violée. Que les hommes mettent en pratique tous ces commandements qui excluent le mal de la vie des hommes, et la paix sera établie sur terre. La pratique de ces cinq commandements réaliserait l'idéal de la vie humaine existant dans chaque cœur humain. Tous les hommes seraient frères, chacun serait en paix avec les autres, jouissant de toutes les bénédictions de la terre dans la limite d'années accordée par le Créateur. Les hommes forgeraient leurs épées pour en faire des socs de charrue et leurs lances pour en faire des serpes, et alors viendrait le royaume de Dieu, ce règne de paix annoncé par tous les prophètes, annoncé par Jean-Baptiste comme étant proche et qui Jésus a proclamé dans les paroles d'Isaïe :

'' L'Esprit du Seigneur est sur moi, parce qu'il m'a oint pour prêcher l'Évangile aux pauvres; il m'a envoyé pour guérir ceux qui ont le cœur brisé, pour prêcher la délivrance aux captifs et le recouvrement de la vue aux aveugles, pour prêcher la délivrance aux captifs et le recouvrement de la vue aux aveugles, pour rendez libres ceux qui sont meurtris, pour qu'ils prêchent une année de grâce du Seigneur. [10] ... Et il commença à leur dire : Aujourd'hui cette Écriture s'est accomplie à vos oreilles » (Luc iv. 18, 19, 21).

Les commandements pour la paix donnés par Jésus, ces commandements simples et clairs, prévoyant toutes les possibilités de discussion et anticipant toutes les objections, ces commandements proclamaient le royaume de Dieu sur la terre. Jésus était donc en vérité le Messie. Il a rempli ce qui avait été promis. Mais nous n'avons pas accompli les commandements que nous devons accomplir si le royaume de Dieu doit être établi sur terre, ce royaume

que les hommes de tous les temps ont ardemment désiré et recherché
continuellement, tous leurs jours.

CHAPITRE VII.

POURQUOI les hommes n'ont-ils pas fait ce que Jésus leur a ordonné, et n'ont-ils pas ainsi obtenu le plus grand bonheur à leur portée, le bonheur qu'ils ont toujours désiré et qu'ils désirent encore ? La réponse à cette question est toujours la même, bien qu'exprimée de différentes manières. La doctrine de Jésus (nous dit-on) est admirable, et il est vrai que si nous la pratiquions , nous verrions le royaume de Dieu établi sur la terre ; mais la mettre en pratique est difficile, et par conséquent cette doctrine est impraticable. La doctrine de Jésus, qui enseigne aux hommes comment ils doivent vivre, est admirable, est divine ; cela apporte le vrai bonheur, mais c'est difficile à pratiquer . Nous répétons cela, et l'entendons répéter tant de fois, que nous ne remarquons pas la contradiction contenue dans ces mots.

Il est naturel à chaque être humain de faire ce qui lui semble le mieux. Toute doctrine enseignant aux hommes comment ils doivent vivre ne leur instruit que sur ce qui est le mieux pour chacun. Si nous montrons aux hommes ce qu'ils doivent faire pour atteindre ce qui est le mieux pour chacun, comment peuvent-ils dire qu'ils voudraient le faire, mais que cela est impossible ? Selon la loi de leur nature, ils ne peuvent pas faire ce qui est pire pour chacun, et pourtant ils déclarent qu'ils ne peuvent pas faire ce qui est le mieux.

L'activité raisonnable de l'homme, depuis sa plus ancienne existence, a été appliquée à la recherche de ce qu'il y a de meilleur parmi les contradictions qui enveloppent la vie humaine. Les hommes se sont battus pour le sol, pour les objets qui leur sont nécessaires ; puis ils arrivèrent au partage des biens, et appelèrent cela propriété ; Constatant que cet arrangement, bien que difficile à établir, était le meilleur, ils en conservèrent la propriété. Les hommes se battaient pour la possession des femmes, ils abandonnaient leurs enfants ; puis ils trouvèrent qu'il valait mieux que chacun ait sa propre famille ; et même s'il était difficile de subvenir aux besoins d'une famille, ils entretenaient la famille, tout comme ils assuraient la propriété et bien d'autres choses. Dès qu'ils découvrent qu'une chose est la meilleure, aussi difficile soit-elle, les hommes le font. Quel est donc le sens de dire que la doctrine de Jésus est admirable, qu'une vie selon la doctrine de Jésus serait meilleure que la vie que les hommes mènent actuellement, mais que les hommes ne peuvent pas mener cette vie meilleure parce qu'elle est difficile à vivre ? ?

Si le mot « difficile », utilisé de cette manière, doit être compris dans le sens qu'il est difficile de renoncer à la satisfaction passagère des désirs sensuels pour obtenir un plus grand bien, pourquoi ne disons-nous pas qu'il est difficile de travailler pour du pain, difficile de planter un arbre pour que l'on puisse profiter du fruit ? Tout être doué de la raison, même la plus rudimentaire, sait qu'il lui faut endurer des difficultés pour se procurer un bien supérieur à celui dont il a joui auparavant. Et pourtant nous disons que la doctrine de Jésus est admirable, mais impossible à mettre en pratique, parce qu'elle est difficile ! Or, c'est difficile, car en la suivant, nous sommes obligés de nous priver de beaucoup de choses dont nous avons joui jusqu'ici. N'avons-nous jamais entendu dire qu'il est bien plus avantageux pour nous d'endurer les difficultés et les privations que de satisfaire tous nos désirs ? L'homme peut tomber au niveau des bêtes, mais il ne doit pas se servir de sa raison pour inventer l'apologie de sa bestialité. Dès l'instant où il commence à raisonner, il a conscience d'être doué de raison, et cette conscience le stimule à distinguer le raisonnable du déraisonnable. La raison ne proscrit pas ; ça éclaire.

Supposons que je sois enfermé dans une pièce sombre et qu'en cherchant la porte, je me heurte continuellement aux murs. Quelqu'un m'apporte de la lumière et je vois la porte. Je ne dois plus me blesser en apercevant la porte ; encore moins dois-je affirmer que, quoiqu'il soit préférable de sortir par la porte, il est difficile de le faire, et que, par conséquent, j'aime mieux me meurtrir contre les murs.

Dans ce merveilleux argument selon lequel la doctrine de Jésus est admirable et que sa pratique donnerait au monde le vrai bonheur, mais que les hommes sont faibles et pécheurs, qu'ils feraient le mieux et le pire et qu'ils ne peuvent donc pas faire le mieux, - dans cet étrange plaidoyer, il y a un malentendu évident ; il y a autre chose qu'un raisonnement défectueux ; il y a aussi une idée chimérique. Seule une idée chimérique, prenant la réalité pour ce qui n'existe pas et prenant l'inexistant pour la réalité, pourrait conduire les hommes à nier la possibilité de pratiquer ce qui, de leur propre aveu, serait pour leur véritable bien-être.

L'idée chimérique qui a réduit les hommes à cet état est celle de la religion chrétienne dogmatique, telle qu'elle est enseignée par les divers catéchismes, à tous ceux qui professent le christianisme de l'Église. Cette religion, selon la définition qu'en donnent ses adeptes, consiste à accepter comme réel ce qui n'existe pas - ce sont les paroles de Paul [11] et elles sont répétées dans toutes les théologies et catéchismes comme la meilleure définition de la foi. C'est cette foi dans la réalité de ce qui n'existe pas qui conduit les hommes à faire l'étrange affirmation que la doctrine de Jésus est excellente pour tous les hommes, mais ne vaut rien comme guide pour leur façon de vivre. Voici un résumé exact de ce qu'enseigne cette religion :

Un Dieu personnel, qui est de toute éternité – l'une des trois personnes – a décidé de créer un monde d'esprits. Ce Dieu de bonté créa le monde des esprits pour leur propre bonheur, mais il arriva que l'un des esprits devint spontanément méchant. Le temps a passé et Dieu a créé un monde matériel, a créé l'homme pour son propre bonheur, a créé l'homme heureux, immortel et sans péché. La félicité de l'homme consistait dans la jouissance de la vie sans labeur ; son immortalité était due à la promesse que cette vie durerait éternellement ; son innocence tenait au fait qu'il n'avait aucune conception du mal.

L'homme a été séduit au paradis par l'un des esprits de la première création, devenu spontanément méchant. De là date la chute de l'homme, qui a engendré d'autres hommes tombés comme lui, et depuis ce temps les hommes ont enduré le travail, la maladie, la souffrance, la mort, la lutte physique et morale pour l'existence ; c'est-à-dire que l'être fantastique précédant la chute est devenu réel, tel que nous le connaissons, car nous n'avons ni le droit ni la raison de l'imaginer ne pas être. L'état de l'homme qui travaille, qui souffre, qui choisit ce qui est pour son propre bien et rejette ce qui lui serait préjudiciable, qui meurt, cet état, qui est l'état réel et seul concevable, n'est pas, selon la doctrine de cette religion, l'état normal de l'homme, mais un état qui n'est pas naturel et temporaire.

Bien que cet état, selon la doctrine, ait duré pour toute l'humanité depuis l'expulsion d'Adam du paradis, c'est-à-dire depuis le commencement du monde jusqu'à la naissance de Jésus, et se soit poursuivi depuis la naissance de Jésus exactement dans les mêmes conditions , il est demandé aux fidèles de croire qu'il s'agit d'un état anormal et temporaire. Selon cette doctrine, le Fils de Dieu, la deuxième personne de la Trinité, qui était lui-même Dieu, a été envoyé par Dieu dans le monde sous l'apparence de l'humanité pour sauver les hommes de cet état temporaire et anormal ; pour les délivrer des douleurs dont ils avaient été frappés par ce même Dieu à cause du péché d'Adam ; et de les restaurer à leur ancien état normal de félicité, c'est-à-dire à l'immortalité, à l'innocence et à l'oisiveté. La deuxième personne de la Trinité (selon cette doctrine), en souffrant la mort de la part de l'homme, a expié le péché d'Adam et a mis fin à cet état anormal qui durait depuis le commencement du monde. Et à partir de ce moment-là, les hommes qui ont eu foi en Jésus sont revenus à l'état du premier homme au paradis ; c'est-à-dire que nous sommes devenus immortels, innocents et oisifs.

La doctrine ne s'intéresse pas trop au résultat pratique de la rédemption, en vertu de laquelle la terre après la venue de Jésus aurait dû redevenir, au moins pour les croyants, partout fertile, sans besoin de labeur humain ; la maladie aurait dû cesser et les mères auraient dû enfanter sans douleur ; car il est difficile d'assurer, même aux croyants épuisés par un travail excessif et brisés par la souffrance, que le labeur est léger et la souffrance facile à supporter.

Mais cette partie de la doctrine qui proclame l'abrogation de la mort et du péché est affirmée avec une insistance redoublée. On affirme que les morts continuent de vivre. Et comme les morts ne peuvent témoigner qu'ils sont morts ni prouver qu'ils sont vivants (de même qu'une pierre ne peut affirmer ni qu'elle peut ou ne peut pas parler), cette absence de négation est admise comme preuve, et on affirme que le mort est mort. les hommes ne sont pas morts. Il est affirmé avec encore plus de solennité et d'assurance que, depuis la venue de Jésus, l'homme qui a foi en lui est libre du péché ; c'est-à-dire que depuis la venue de Jésus, il n'est plus nécessaire que l'homme guide sa vie par la raison et choisisse ce qui lui convient le mieux. Il lui suffit de croire que Jésus a racheté ses péchés et il devient alors infaillible, c'est-à-dire parfait. Selon cette doctrine, les hommes devraient croire que la raison est impuissante et que, pour cette raison, ils sont sans péché, c'est-à-dire qu'ils ne peuvent se tromper. Un croyant fidèle doit être convaincu que depuis la venue de Jésus, la terre produit sans travail, que l'accouchement n'entraîne plus de souffrance, que les maladies n'existent plus et que la mort et le péché, c'est-à-dire l'erreur, sont détruits ; en un mot, ce qui est n'est pas, et ce qui n'est pas est.

Telle est la théorie rigoureusement logique de la théologie chrétienne. Cette doctrine, en elle-même, semble innocente. Mais les écarts par rapport à la vérité ne sont jamais inoffensifs, et l'importance de leurs conséquences est proportionnelle à l'importance du sujet auquel ces erreurs s'appliquent. Et ici le sujet en question est toute la vie de l'homme. Ce que cette doctrine appelle la vraie vie, c'est une vie de bonheur personnel, sans péché et éternelle ; c'est-à-dire une vie que personne n'a jamais connue et qui n'existe pas. Mais la vie qui est, la seule vie que nous connaissons, la vie que nous vivons et que toute l'humanité vit et a vécue, est, selon cette doctrine, une existence dégradée et mauvaise, une simple fantasmagorie de la vie heureuse qui est notre exigible.

De la lutte entre les instincts animaux et la raison, qui est l'essence de la vie humaine, cette doctrine ne tient pas compte. La lutte qu'Adam a endurée au paradis pour décider de manger ou non le fruit de l'arbre de la connaissance n'est, selon cette doctrine, plus à la portée de l'expérience humaine. La question fut tranchée une fois pour toutes par Adam au paradis. Adam a péché pour tous ; en d'autres termes, il a mal agi, et tous les hommes sont irrémédiablement dégradés ; et tous nos efforts pour vivre selon la raison sont vains et même impies. Cela, je devrais le savoir, car je suis irrémédiablement mauvais. Mon salut ne dépend pas de vivre à la lumière de la raison et, après avoir distingué le bien et le mal, de choisir le bien ; non, Adam, une fois pour toutes, a péché pour moi, et Jésus, une fois pour toutes, a expié le mal commis par Adam ; et ainsi je devrais, en tant que spectateur, pleurer la chute d'Adam et me réjouir de la rédemption par Jésus.

Tout l'amour de la vérité et du bien dans le cœur de l'homme, tous ses efforts pour éclairer sa vie spirituelle par la lumière de la raison, ne sont pas seulement de peu d'importance, selon cette doctrine ; ils sont une tentation, une incitation à l'orgueil. La vie telle qu'elle est sur cette terre, avec toutes ses joies et ses splendeurs, ses luttes de la raison contre les ténèbres, la vie de tous les hommes qui ont vécu avant moi, ma propre vie avec ses luttes intérieures et ses triomphes, tout cela n'est pas une réalité. la vraie vie; c'est la vie déchue, une vie irrémédiablement mauvaise. La vraie vie, la vie sans péché, n'est que dans la foi, c'est-à-dire dans l'imagination, c'est-à-dire dans la folie.

Que chacun rompe avec l'habitude contractée dès l'enfance de croire à tout cela ; qu'il regarde hardiment cette doctrine telle qu'elle est ; qu'il s'efforce de se mettre à la place d'un homme sans préjugés, élevé indépendamment de cette doctrine , et qu'il se demande ensuite si cette doctrine n'apparaîtrait pas à un tel homme comme le produit d'une folie absolue.

Quelque étrange et choquant que tout cela puisse me paraître, j'ai été obligé de l'examiner, car ici seulement j'ai trouvé l'explication de l'objection, si dénuée de logique et de bon sens, que j'entendais partout à propos de l'impossibilité de pratiquer. la doctrine de Jésus : Elle est admirable et donnerait le vrai bonheur aux hommes, mais les hommes ne sont pas capables d'y obéir.

Seule la conviction que la réalité n'existe pas et que l'inexistant est réel pourrait conduire les hommes à cette surprenante contradiction. Et cette fausse conviction, je l'ai trouvée dans la religion pseudo-chrétienne que les hommes enseignaient depuis quinze cents ans.

L'objection selon laquelle la doctrine de Jésus est excellente mais impraticable vient non seulement des croyants, mais aussi des sceptiques, de ceux qui ne croient pas, ou pensent ne pas croire, aux dogmes de la chute de l'homme et de la rédemption ; d'hommes de science et de philosophes qui se considèrent libres de tout préjugé. Ils ne croient, ou s'imaginent croire, en rien, et se considèrent ainsi au-dessus d'une superstition telle que le dogme de la chute et de la rédemption. Au début, il me semblait que toutes ces personnes avaient de sérieuses raisons de nier la possibilité de pratiquer la doctrine de Jésus. Mais quand j'en suis venu à chercher la source de leur négation, j'ai été convaincu que les sceptiques, comme les croyants, ont une fausse conception de la vie ; pour eux, la vie n'est pas ce qu'elle est, mais ce qu'ils imaginent qu'elle devrait être, et cette conception repose sur le même fondement que celle des croyants. Il est vrai que les sceptiques, qui prétendent ne croire à rien, ne croient ni en Dieu, ni en Jésus, ni en Adam ; mais ils croient en une idée fondamentale qui est à la base de leur conception erronée, à savoir le droit de l'homme à une vie heureuse, beaucoup plus fermement que les théologiens.

En vain la science et la philosophie se posent en arbitres de l'esprit humain, dont elles ne sont en fait que les servantes. La religion a donné une conception de la vie et la science suit les sentiers battus. La religion révèle le sens de la vie, et la science n'applique ce sens qu'au cours des circonstances.

Ainsi, si la religion falsifie le sens de la vie humaine, la science, qui bâtit sur le même fondement, ne peut que manifester les mêmes idées fantastiques.

Selon la doctrine de l'Église, les hommes ont droit au bonheur, et ce bonheur n'est pas le résultat de leurs propres efforts, mais de causes extérieures. Cette conception est devenue la base de la science et de la philosophie. La religion, la science et l'opinion publique s'unissent pour nous dire que la vie que nous vivons actuellement est mauvaise, et en même temps elles affirment que la doctrine qui nous enseigne comment réussir à améliorer la vie en devenant meilleur est une doctrine impraticable. La religion dit que la doctrine de Jésus, qui fournit une méthode raisonnable pour améliorer la vie par nos propres efforts, est impraticable parce qu'Adam est tombé et que le monde a été plongé dans le péché. La philosophie dit que la doctrine de Jésus est impraticable parce que la vie humaine se développe selon des lois indépendantes de la volonté humaine. En d'autres termes, les conclusions de la science et de la philosophie sont exactement les mêmes que celles auxquelles parvient la religion dans les dogmes du péché originel et de la rédemption.

Il y a deux thèses principales à la base de la doctrine de la rédemption : (1) la vie normale de l'homme est une vie de bonheur, mais notre vie sur terre est une vie de misère et elle ne pourra jamais être améliorée par nos propres efforts ; (2) notre salut est dans la foi, qui nous permet d'échapper à cette vie de misère. Ces deux thèses sont à l'origine des conceptions religieuses des croyants et des sceptiques qui composent nos sociétés pseudo-chrétiennes. La deuxième thèse a donné naissance à l'Église et à son organisation ; du premier découlent les principes reçus de l'opinion publique et de nos théories politiques et philosophiques. Le germe de toutes les théories politiques et philosophiques qui cherchent à justifier l'ordre des choses existant – comme l'hégélianisme et ses ramifications – se trouve dans cette seconde thèse. Le pessimisme, qui exige de la vie ce qu'elle ne peut pas donner et nie ensuite sa valeur, a également son origine dans la même proposition dogmatique. Le matérialisme, avec son affirmation étrange et enthousiaste selon laquelle l'homme est le produit de forces naturelles et rien de plus, est le résultat légitime de la doctrine qui enseigne que la vie sur terre est une existence dégradée. Le Spiritisme, avec ses savants adeptes, est la meilleure preuve que nous ayons que les conclusions de la philosophie et de la science sont basées sur la doctrine religieuse de ce bonheur éternel qui devrait être l'héritage naturel de l'homme.

Cette fausse conception de la vie a eu une influence déplorable sur toute activité humaine raisonnable. Le dogme de la chute et de la rédemption a exclu l'homme du domaine le plus important et le plus légitime pour l'exercice de ses pouvoirs, et l'a entièrement privé de l'idée qu'il peut par lui-même tout faire pour rendre sa vie plus heureuse ou meilleure. La science et la philosophie, se croyant fièrement hostiles au pseudo-christianisme, ne font qu'exécuter ses décrets. La science et la philosophie s'intéressent à tout, sauf à la théorie selon laquelle l'homme peut tout faire pour devenir meilleur ou plus heureux. L'enseignement éthique et moral a disparu de notre société pseudo-chrétienne sans laisser de trace.

Les croyants et les sceptiques qui se soucient si peu du problème de la façon de vivre, de la manière d'utiliser la raison dont nous sommes dotés, se demandent pourquoi notre vie terrestre n'est pas ce qu'ils imaginent qu'elle devrait être, et quand elle deviendra ce qu'ils pensent. souhait. Ce phénomène singulier est dû à la fausse doctrine qui a pénétré jusque dans les moelles de l'humanité. Les effets de la connaissance du bien et du mal, que l'homme a si malheureusement acquis au paradis, ne semblent pas avoir été très durables ; car, négligeant le fait que la vie n'est qu'une solution aux contradictions entre les instincts animaux et la raison, il s'abstient catégoriquement d'appliquer sa raison à la découverte des lois historiques qui régissent sa nature animale.

Hormis les doctrines philosophiques du monde pseudo-chrétien, toutes les doctrines philosophiques et religieuses dont nous avons connaissance — le judaïsme, la doctrine de Confucius, le bouddhisme, le brahmanisme, la sagesse des Grecs — visent toutes à régler la vie humaine et à éclairer la vie humaine. hommes sur ce qu'ils doivent faire pour améliorer leur condition. La doctrine de Confucius enseigne le perfectionnement de l'individu ; Judaïsme, fidélité personnelle à une alliance avec Dieu ; le bouddhisme, comment échapper à une vie régie par les instincts animaux ; Socrate enseignait le perfectionnement de l'individu par la raison ; les stoïciens reconnaissaient l'indépendance de la raison comme la seule base de la vraie vie.

L'activité raisonnable de l'homme a toujours été — il ne pouvait en être autrement — d'éclairer par le flambeau de la raison sa marche vers la béatitude. La philosophie nous dit que le libre arbitre est une illusion, et se vante ensuite de l'audace d'une telle déclaration. Le libre arbitre n'est pas seulement une illusion ; c'est un mot vide de sens inventé par les théologiens et les experts en droit pénal ; le réfuter, ce serait entreprendre une bataille avec un moulin à vent. Mais la raison, qui éclaire notre vie et nous pousse à modifier nos actions, n'est pas une illusion, et son autorité ne peut jamais être niée. Obéir à la raison dans la poursuite du bien est la substance des enseignements de tous les maîtres de l'humanité, et c'est la substance de la doctrine de Jésus ; c'est la raison elle-même, et nous ne pouvons pas nier la raison par l'usage de la raison.

Utilisant l'expression « fils de l'homme », Jésus enseigne que tous les hommes ont une impulsion commune vers le bien et vers la raison, qui mène au bien. Il est superflu d'essayer de prouver que « fils de l'homme » signifie « Fils de

Dieu ». Comprendre par les mots « fils de l'homme » quelque chose de différent de ce qu'ils signifient, c'est supposer que Jésus, pour dire ce qu'il voulait dire, a utilisé intentionnellement des mots qui ont un tout autre sens. Mais même si, comme le dit l'Église, « fils de l'homme » signifie « Fils de Dieu », l'expression « fils de l'homme » s'applique néanmoins à l'homme, car Jésus lui-même appelait tous les hommes « fils de Dieu ».

La doctrine du « fils de l'homme » trouve son expression la plus complète dans l'entretien avec Nicodème. Tout homme, dit Jésus, outre la conscience de sa vie matérielle, individuelle et de sa naissance dans la chair, a aussi la conscience d'une naissance spirituelle (Jean iii. 5, 6, 7), d'une liberté intérieure, de quelque chose dans; cela vient d'en haut, de l'infini que nous appelons Dieu (Jean iii, 14-17) ; or c'est cette conscience intérieure née de Dieu, le fils de Dieu dans l'homme, que nous devons posséder et nourrir si nous voulons posséder la vraie vie. Le fils de l'homme est homogène (de même race) avec Dieu.

Celui qui élève en lui ce fils de Dieu, celui qui identifie sa vie à la vie spirituelle, ne s'écartera pas du vrai chemin. Les hommes s'écartent du chemin parce qu'ils ne croient pas à cette lumière qui est en eux, lumière dont parle Jean lorsqu'il dit : « *En lui était la vie, et la vie était la lumière des hommes* ». Jésus nous dit d'élever le fils de l'homme, qui est le fils de Dieu, pour qu'il soit la lumière de tous les hommes. Lorsque nous aurons élevé le fils de l'homme, nous saurons alors que nous ne pouvons rien faire sans sa direction (Jean VIII. 28). On lui a demandé : « Qui est ce fils de l'homme ? Jésus répond :

" *Pourtant, pour un peu de temps, la lumière est en vous.* [12] *Marchez pendant que vous avez la lumière, de peur que les ténèbres ne vous surprennent ; car celui qui marche dans les ténèbres ne sait où il va* . " (Jean XII, 35.)

Le fils de l'homme est la lumière en chaque homme qui doit éclairer sa vie. « *Prenez donc garde que la lumière qui est en vous ne soit pas ténèbres* », tel est l'avertissement de Jésus à la multitude (Luc xi, 35).

Dans toutes les époques de l'humanité, nous retrouvons la même pensée, que l'homme est le réceptacle de la lumière divine descendue du ciel, et que cette lumière est la raison, qui seule doit être l'objet de notre culte, puisqu'elle seule peut montrer le chemin. au vrai bien-être. Cela a été dit par les brahmanes, par les prophètes hébreux, par Confucius, par Socrate, par Marc Aurèle, par Epictète et par tous les vrais sages, non pas par des compilateurs de théories philosophiques, mais par des hommes qui recherchaient le bien pour eux-mêmes et pour eux-mêmes. pour les autres. [13] Et pourtant nous déclarons, conformément au dogme de la rédemption, qu'il est tout à fait superflu de penser à la lumière qui est en nous, et qu'il ne faut pas en parler du tout !

Il faut, disent les croyants, étudier les trois personnes de la Trinité ; nous devons connaître la nature de chacune de ces personnes, et quels sacrements nous devons ou ne devons pas accomplir, car notre salut dépend, non de nos propres efforts, mais de la Trinité et de l'accomplissement régulier des sacrements. Nous devons, disent les sceptiques, connaître les lois selon lesquelles cette particule infinitésimale de matière a évolué dans un espace et un temps infinis ; mais il est absurde de croire que par la raison seule nous pouvons assurer le véritable bien-être, car l'amélioration de la condition de l'homme ne dépend pas de l'homme lui-même, mais des lois que nous essayons de découvrir.

Je crois fermement que, dans quelques siècles, l'histoire de ce que nous appelons l'activité scientifique de cette époque sera un sujet prolifique d'hilarité et de pitié pour les générations futures. Pendant plusieurs siècles, diront-ils, les savants de la partie occidentale d'un grand continent furent victimes d'une folie épidémique ; ils s'imaginaient détenteurs d'une vie de béatitude éternelle, et ils s'occupaient de diverses lucubrations dans lesquelles ils cherchaient à déterminer de quelle manière cette vie pouvait se réaliser, sans rien faire eux-mêmes, ni même se soucier de ce qu'ils devaient faire. faire pour améliorer la vie qu'ils avaient déjà. Et ce qui paraîtra bien plus mélancolique au futur historien, c'est que ce groupe d'hommes avait autrefois eu un maître qui leur avait enseigné un certain nombre de règles simples et claires, leur indiquant ce qu'ils devaient faire pour rendre leur vie heureuse. , — et que les paroles de ce maître avaient été interprétées par certains comme signifiant qu'il viendrait sur un nuage pour réorganiser la société humaine, et par d'autres comme une doctrine admirable, mais impraticable, puisque la vie humaine n'était pas ce qu'ils la concevaient. être, et par conséquent n'était pas digne de considération; quant à la raison humaine, elle doit s'occuper de l'étude des lois d'une existence imaginaire, sans se soucier du bien-être de l'homme individuel.

L'Église dit que la doctrine de Jésus ne peut pas être pratiquée littéralement ici sur terre, parce que cette vie terrestre est naturellement mauvaise, puisqu'elle n'est qu'une ombre de la vraie vie. La meilleure façon de vivre est de mépriser cette existence terrestre, de se laisser guider par la foi (c'est-à-dire par l'imagination) dans une vie heureuse et éternelle à venir, et de continuer à vivre une mauvaise vie ici-bas et de prier le bon Dieu.

La philosophie, la science et l'opinion publique disent toutes que la doctrine de Jésus n'est pas applicable à la vie humaine telle qu'elle est aujourd'hui, parce que la vie de l'homme ne dépend pas de la lumière de la raison, mais de lois générales ; il est donc inutile d'essayer de vivre de manière absolument conforme à la raison ; nous devons vivre comme nous pouvons avec la ferme conviction que, selon les lois du progrès historique et sociologique, après avoir vécu très imparfaitement pendant très longtemps, nous constaterons soudain que notre vie est devenue très bonne.

Les gens viennent dans une ferme ; ils y trouvent tout ce qu'il faut pour vivre, une maison bien meublée, des granges remplies de blé, des caves et des magasins bien garnis de provisions, d'instruments de culture, de chevaux et de bétail, en un mot tout ce qu'il faut pour vivre. une vie de confort et de facilité. Chacun veut profiter de cette abondance, mais chacun pour soi, sans penser aux autres, ni à ceux qui pourraient lui succéder. Chacun veut le tout pour lui-même et commence à saisir tout ce qu'il peut saisir. Commence alors un véritable pillage ; ils se battent pour la possession du butin ; les bœufs et les moutons sont abattus ; les chariots et autres outils sont brisés en bois de chauffage ; ils se battent pour le lait et les céréales ; ils saisissent plus qu'ils ne peuvent consommer. Personne ne peut s'asseoir pour jouir tranquillement de ce qu'il possède, de peur qu'un autre ne lui enlève le butin déjà acquis pour le céder à son tour à quelqu'un de plus fort. Tous ces gens quittent la ferme, meurtris et affamés. Alors le Maître remet tout en ordre et arrange les choses pour qu'on puisse y vivre en paix. La ferme est à nouveau un trésor d'abondance. Puis vient un autre groupe de chercheurs, et la même lutte et le même tumulte se répètent, jusqu'à ce que ceux-ci s'en aillent à leur tour meurtris et en colère, maudissant le Maître d'avoir pourvu à si peu et à si mal. Le bon Maître ne se décourage pas ; il pourvoit à nouveau à tout ce qui est nécessaire pour maintenir la vie, et les mêmes incidents se répètent encore et encore.

Enfin, parmi ceux qui viennent à la ferme, il y en a un qui dit à ses compagnons : « Camarades, comme nous sommes bêtes ! voyez comme tout est abondamment fourni, comme tout est bien arrangé ! Il y en a ici assez pour nous et pour ceux qui viendra après nous ; agissons de manière raisonnable. Au lieu de nous voler les uns les autres, aidons-nous les uns les autres, plantons, soignons les animaux stupides, et tout le monde sera satisfait. Certains membres de l'entreprise comprennent ce que dit ce sage ; ils cessent de se battre et de se voler, et se mettent au travail. Mais d'autres, qui n'ont pas entendu les paroles du sage, ou qui se méfient de lui, continuent leur ancien pillage des biens du Maître. Cet état de choses dure longtemps. Ceux qui ont suivi les conseils du sage disent à leur entourage : « Cessez de combattre, cessez de gaspiller les biens du Maître ; vous y gagnerez mieux ; suivez les conseils du sage. » Néanmoins, un grand nombre n'entendent pas et ne croiront pas, et les choses continuent comme avant.

Tout cela est naturel et continuera aussi longtemps que les gens ne croiront pas aux paroles du sage. Mais, nous dit-on, un temps viendra où chacun à la ferme écoutera et comprendra les paroles du sage et se rendra compte que Dieu parlait par ses lèvres et que le sage n'était lui-même autre que Dieu dans personne; et tous auront foi en ses paroles. Pendant ce temps, au lieu de vivre selon les conseils du sage, chacun lutte pour le sien et s'entre-tue sans pitié en disant : « La lutte pour l'existence est inévitable ; nous ne pouvons faire autrement. »

Qu'est-ce que tout cela veut dire? Même les bêtes paissent dans les champs sans interférer avec les besoins des autres, et les hommes, après avoir appris les conditions de la vraie vie, et après avoir été convaincus que Dieu lui-même leur a montré comment vivre la vraie vie, suivent toujours leurs mauvaises voies, disant qu'il est impossible de vivre autrement. Que penserions-nous des gens de la ferme si, après avoir entendu les paroles du sage, ils avaient continué à vivre comme avant, s'arrachant le pain de la bouche les uns des autres, se battant et essayant de tout saisir, à leur propre perte. ? Nous devrions dire qu'ils avaient mal compris les paroles du sage et imaginé les choses différentes de ce qu'elles étaient réellement. Le sage leur dit : « Votre vie ici est mauvaise ; modifiez vos voies et elle deviendra bonne. » Et ils imaginaient que le sage avait condamné leur vie à la ferme et leur avait promis une autre vie meilleure ailleurs. Ils décidèrent que la ferme n'était qu'une habitation temporaire et que cela ne valait pas la peine d'essayer d'y vivre bien ; l'important était de ne pas se laisser priver de l'autre vie qui leur était promise ailleurs. C'est la seule façon dont nous pouvons expliquer l'étrange conduite des gens de la ferme, dont les uns croyaient que le sage était Dieu, et d'autres qu'il était un homme de sagesse, mais tous continuaient à vivre comme avant, dans le mépris. des paroles du sage. Ils comprirent tout, sauf la seule vérité importante dans les enseignements du sage, à savoir qu'ils doivent trouver par eux-mêmes leur propre paix et leur bonheur là-bas, sur la ferme, qu'ils ont pris pour résidence temporaire, pensant tout le temps à la vie meilleure qu'ils avaient . posséder ailleurs.

Voilà l'origine de l'étrange déclaration selon laquelle les préceptes du sage étaient admirables, voire divins, mais qu'ils étaient difficiles à mettre en pratique .

Oh, si seulement les hommes pouvaient cesser de mauvaises voies en attendant que le Christ vienne à leur secours sur son char de feu ; s'ils cessaient d'invoquer la loi de la différenciation ou de l'intégration des forces, ou n'importe quelle loi historique ! Personne ne leur viendra en aide s'ils ne s'aident pas eux-mêmes. Et pour nous aider à une vie meilleure, nous n'avons rien à attendre du ciel ni de la terre ; il nous suffit de cesser de recourir à des méthodes qui entraînent notre propre perte.

CHAPITRE VIII.

SI l'on admet que la doctrine de Jésus est parfaitement raisonnable et qu'elle seule peut donner aux hommes le vrai bonheur, quelle serait la condition d'un seul adepte de cette doctrine au milieu d'un monde qui ne la pratiquait pas du tout ? Si tous les hommes décidaient en même temps d'obéir, sa pratique serait alors possible. Mais un seul homme ne peut pas agir au mépris du monde entier ; et ainsi nous entendons continuellement cette supplication : « Si, parmi les hommes qui ne pratiquent pas la doctrine de Jésus, moi seul lui obéis ; si je donne tout ce que je possède ; si je tends l'autre joue ; si je refuse de prêter serment ou pour faire la guerre, je me trouverais dans un profond isolement ; si je ne mourais pas de faim, je serais battu ; si j'y survivais, je serais jeté en prison, et tout mon bonheur serait ma vie ; la vie — ma vie elle-même — serait sacrifiée en vain.

Ce plaidoyer est fondé sur la doctrine de *la contrepartie* , qui est à la base de tous les arguments contre la possibilité de pratiquer la doctrine de Jésus. C'est l'objection actuelle, et j'ai sympathisé avec elle comme tout le reste du monde, jusqu'à ce que je me détache finalement complètement des dogmes de l'Église qui m'empêchaient de comprendre la véritable signification de la doctrine de Jésus. Jésus a préparé sa doctrine comme moyen de salut de la vie de perdition organisée par les hommes contrairement à ses préceptes ; et j'ai déclaré que je serais très heureux de suivre cette doctrine si ce n'était par crainte de cette perdition même. Jésus m'a offert le vrai remède contre une vie de perdition, et je me suis accroché à la vie de perdition ! d'où il ressortait clairement que je ne considérais pas cette vie comme une vie de perdition, mais comme quelque chose de bon, de réel. La conviction que ma vie personnelle et mondaine était quelque chose de réel et de bon constituait le malentendu, l'obstacle qui m'empêchait de comprendre la doctrine de Jésus. Jésus connaissait la disposition des hommes à considérer leur vie personnelle et mondaine comme réelle et bonne. C'est pourquoi, dans une série d'apothegmes et de paraboles, il leur enseigna qu'ils n'avaient aucun droit à la vie et qu'on ne leur avait donné la vie que pour pouvoir s'assurer de la vraie vie en renonçant à leur organisation mondaine et fantastique de l'existence.

Pour comprendre ce que signifie « sauver » sa vie, selon la doctrine de Jésus, il faut d'abord comprendre ce que les prophètes, quel Salomon, quel Bouddha, ce que tous les sages du monde ont dit de la vie personnelle de l'homme. Mais, comme le dit Pascal, nous ne pouvons supporter de réfléchir sur ce thème, et c'est pourquoi nous portons toujours devant nous un écran pour cacher l'abîme de la mort vers lequel nous nous dirigeons sans cesse. Il suffit de réfléchir sur l'isolement de la vie personnelle de l'homme, pour se convaincre que cette vie, en tant que personnelle, non seulement n'a aucune importance pour chacun séparément, mais qu'elle est une plaisanterie cruelle pour le cœur et la raison. . Pour comprendre la doctrine de Jésus, il faut avant tout revenir à soi, réfléchir sobrement, subir le μετάνοι α dont parle Jean-Baptiste, le précurseur de Jésus, en s'adressant à des hommes au jugement obscur. "Repentez-vous" (telle était sa prédication); "Repentez-vous, ayez un autre esprit, ou vous périrez tous. La hache est posée à la racine des arbres. La mort et la perdition attendent chacun de vous. Soyez averti, faites demi-tour, repentez-vous." Et Jésus a déclaré : « *Si vous ne vous repentez, vous périrez tous également* . » Lorsqu'on annonça à Jésus la mort des Galiléens massacrés par Pilate, il dit :

" *Supposez-vous que ces Galiléens aient été des pécheurs plus que tous les Galiléens, parce qu'ils ont souffert de telles choses ? Je vous le dis : Non, mais si vous ne vous repentez, vous périrez tous également. Ou ces dix-huit sur lesquels la tour de Siloé est tombée et ont été tués. eux, pensez-vous qu'ils étaient des pécheurs plus que tous les hommes qui ont habité à Jérusalem ? Non, mais si vous ne vous repentez, vous périrez tous également* » (Luc XIII, 1-5).

S'il avait vécu de nos jours, en Russie, il aurait dit : « Pensez-vous que ceux qui ont péri au cirque de Berditchef ou sur les pentes de Koukouyef étaient des pécheurs plus que tous les autres ? Je vous le dis, non ; mais vous, si vous ne vous repentez pas, si vous ne vous réveillez pas, si vous ne trouvez pas dans votre vie ce qui est impérissable, vous périrez aussi. Vous êtes horrifiés par la mort de ceux écrasés par la tour, brûlés dans le cirque mais votre. la mort, également effrayante et aussi inévitable, est là, devant vous. Vous avez tort de la cacher ou de l'oublier, car elle n'en est que plus hideuse.

Aux gens de son temps, il disait :

" *Quand vous voyez un nuage se lever de l'ouest, vous dites aussitôt : Une averse arrive ; et c'est ainsi. Et quand vous voyez souffler le vent du sud, vous dites : Il y aura de la chaleur ; et cela arrive. Vous hypocrites, vous pouvez discerner la face du ciel et de la terre ; mais comment se fait-il que vous ne discerniez pas cette fois-ci, et pourquoi même ne jugez-vous pas ce qui est juste* » (Luc XII, 54-57.)

Nous savons interpréter les signes du temps ; pourquoi, alors, ne voyons-nous pas ce qui est devant nous ? C'est en vain que nous fuyons le danger et gardons notre vie matérielle par tous les moyens imaginables ; malgré tout, la mort est devant nous, sinon d'une manière, du moins d'une autre ; sinon par un massacre ou la chute d'une tour, du moins dans nos lits, au milieu de souffrances bien plus grandes.

Faites un calcul simple, comme font ceux qui entreprennent n'importe quel projet du monde, n'importe quelle entreprise, comme la construction d'une maison, ou l'achat d'un domaine, comme le font ceux qui travaillent dans l'espoir de voir leurs calculs se réaliser.

" *Car lequel d'entre vous, ayant l'intention de bâtir une tour, ne s'assied d'abord et ne calcule ce qu'il en coûtera pour savoir s'il aura assez pour l'achever ? De peur qu'après avoir posé les fondations et ne pouvoir l'achever, tous ceux qui la voient commencez à vous moquer de lui, en disant : Cet homme a commencé à bâtir, et n'a pas pu achever. Ou quel roi, partant faire la guerre à un autre roi, ne s'assied pas d'abord et ne consulte pas s'il pourra, avec dix mille, faire face à celui qui viendra. contre lui avec vingt mille* " (Luc XIV. 28-31.)

N'est-ce pas l'acte d'un fou de travailler à ce que, sous aucun prétexte, on ne peut jamais achever ? La mort viendra toujours avant que l'édifice de la prospérité mondiale puisse être achevé. Et si nous savions d'avance que, quelle que soit la manière dont nous luttons contre la mort, ce n'est pas nous, mais la mort, qui triompherons ; n'est-ce pas une indication que nous ne devons pas lutter contre la mort, ni mettre nos cœurs sur ce qui périra sûrement, mais chercher à accomplir la tâche dont les résultats ne peuvent être détruits par notre départ inévitable ?

" *Et il dit à ses disciples : C'est pourquoi je vous dis : Ne vous souciez pas de votre vie de ce que vous mangerez, ni du corps de ce dont vous vous vêtirez. La vie est plus que la nourriture et le corps est plus que le vêtement. Considérez les corbeaux : car ils ne sèment ni ne moissonnent, qui n'ont ni grenier ni grenier ; et Dieu les nourrit : combien plus valez-vous que les oiseaux, et lequel d'entre vous peut, en réfléchissant, ajouter une coudée à sa stature ? alors ne soyez pas capable de faire la moindre chose, pourquoi pensez-vous au reste ? Considérez la façon dont les lis poussent : ils ne travaillent pas, ils ne filent pas, et pourtant je vous dis que Salomon dans toute sa gloire n'était pas habillé ; comme l'un d'eux* " (Luc XII. 22-27.)

Quels que soient les efforts que nous prenons pour nous nourrir, pour soigner notre corps, nous ne pouvons prolonger la vie d'une seule heure. [14] N'est-ce pas une folie que de s'inquiéter d'une chose qu'il nous est impossible d'accomplir ? Nous savons parfaitement que notre vie matérielle se terminera par la mort, et nous nous livrons au mal pour nous procurer des richesses. La vie ne peut pas être mesurée par ce que nous possédons ; si nous le pensons, nous ne faisons que nous illusionner. Jésus nous dit que le sens de la vie ne réside pas dans ce que nous possédons ou dans ce que nous pouvons accumuler, mais dans quelque chose de complètement différent. Il dit:-

" *La terre d'un certain homme riche produisit en abondance. Et il réfléchit en lui-même, disant : Que dois-je faire, parce que je n'ai pas de place où donner mes fruits ? Et il dit : Voici ce que je ferai : je démolirai mon des granges et bâtis de plus grandes ; et là je distribuerai tous mes fruits et mes biens. Et je dirai à mon âme : Mon âme, tu as beaucoup de biens en réserve pour de nombreuses années ; Mais Dieu lui dit : Toi, insensé, cette nuit ton âme te sera demandée ; alors à qui appartiendront ces choses que tu as pourvu ? Ainsi en est-il de celui qui s'amasse un trésor et qui n'est pas riche envers Dieu* . Luc XII. 16-21.)

La mort nous menace à chaque instant ; Jésus dit : -

" *Que vos reins soient ceints et vos lumières allumées ; et vous-mêmes comme des hommes qui attendent leur maître, quand il reviendra des noces, afin que, quand il viendra et frappera , ils lui ouvrent immédiatement. Bienheureux soient-ils. ces serviteurs que le seigneur, à son arrivée, trouvera en train de veiller ; ... Et s'il vient à la deuxième veille, ou à la troisième veille, et les trouve ainsi, bénis soient ces serviteurs. Et sachez-le. Le bon homme de la maison avait su à quelle heure le voleur viendrait, il aurait veillé et n'aurait pas laissé percer sa maison. Soyez donc également prêts : car le fils de l'homme vient à une heure où vous ne pensez pas .* (Luc XII, 35-40.)

La parabole des vierges attendant l'époux, celle de la consommation des siècles et du jugement dernier, comme tous les commentateurs en conviennent, sont destinées à enseigner que la mort nous attend à chaque instant. La mort nous attend à chaque instant. La vie se passe en vue de la mort. Si nous travaillons pour nous seuls, pour notre avenir personnel, nous savons que ce qui nous attend dans le futur, c'est la mort. Et la mort détruira tous les fruits de notre travail. Par conséquent, une vie pour soi ne peut avoir aucun sens. La vie raisonnable est différente ; elle a un autre but que les pauvres désirs d'un seul individu. La vie raisonnable consiste à vivre de telle manière que la vie ne puisse être détruite par la mort. Nous sommes préoccupés par beaucoup de choses, mais une seule chose est nécessaire.

Dès sa naissance, l'homme est menacé d'un péril inévitable, c'est-à-dire d'une vie privée de sens et d'une mort misérable, s'il ne découvre pas l'essentiel de la vraie vie. Or, c'est précisément cette seule chose qui assure la vraie vie que Jésus révèle aux hommes. Il n'invente rien, il ne promet rien par la puissance divine ; à côté de cette vie personnelle qui est un leurre, il révèle simplement aux hommes la vérité.

Dans la parabole des laboureurs (Matt. XXI. 33-42), Jésus explique la cause de cet aveuglement chez les hommes qui leur cache la vérité et qui les pousse à prendre ce qui paraît apparent pour le réel, leur vie personnelle pour le vrai. vie. Certains hommes, ayant loué une vigne, s'imaginaient en être les maîtres. Et cette illusion les entraîne dans une série d'actions insensées et cruelles, qui aboutissent à leur exil. Ainsi chacun de nous s'imagine que la vie est sa propriété personnelle et qu'il a le droit d'en jouir de la manière qui lui semble bonne, sans reconnaître aucune obligation envers autrui. Et la conséquence inévitable de cette illusion est une série d'actions stupides et cruelles suivies par l'exclusion de la vie. Et comme les laboureurs tuaient les domestiques et enfin le fils du maître de maison, pensant que plus ils seraient cruels, plus ils seraient capables d'arriver à leurs fins, ainsi nous imaginons que nous obtiendrons la plus grande sécurité par la violence.

L'expulsion, sentence inévitable infligée aux vignerons pour s'être emparés des fruits de la vigne, attend aussi tous les hommes qui s'imaginent que la vie personnelle est la vraie vie. La mort les expulse de la vie ; ils sont remplacés par d'autres, conséquence de l'erreur qui les a amenés à se méprendre sur le sens de la vie. De même que les vignerons oubliaient, ou ne voulaient pas se souvenir, qu'ils avaient reçu une vigne déjà entourée de haies et munie de pressoirs et de tours, que quelqu'un avait travaillé pour eux et attendait qu'ils travaillent à leur tour pour d'autres ; ainsi les hommes qui voudrait vivre pour lui-même, oublie ou ne veut pas se souvenir de tout ce qui a été fait pour lui au cours de sa vie ; ils oublient qu'ils sont obligés de travailler à leur tour, et que tous les bienfaits de la vie dont ils jouissent sont des fruits qu'ils doivent partager avec les autres.

Cette nouvelle manière de considérer la vie, ce μετάνοι α, ou repentance, est la pierre angulaire de la doctrine de Jésus. Selon cette doctrine, les hommes devraient comprendre et se sentir insolvables, comme les laboureurs auraient dû comprendre et sentir qu'ils étaient insolvables envers le propriétaire, incapables de payer la dette contractée par les générations passées, présentes et à venir, avec le pouvoir outrepassé. Ils devraient sentir que chaque heure de leur existence n'est qu'une hypothèque sur cette dette, et que tout homme qui, par une vie égoïste, rejette cette obligation, se sépare du principe de la vie et perd ainsi la vie. Chacun doit se rappeler qu'en s'efforçant de sauver sa propre vie, sa vie personnelle, il perd la vraie vie, comme Jésus l'a dit tant de fois. La vraie vie est celle qui ajoute quelque chose à la réserve de bonheur accumulée par les générations passées, qui accroît cet héritage dans le présent et le transmet à l'avenir. Pour participer à cette vraie vie, l'homme doit renoncer à sa volonté personnelle pour la volonté du Père, qui donne cette vie à l'homme. Dans Jean VIII. 35, on lit:—

« Et le serviteur ne demeure pas éternellement dans la maison, mais le fils y demeure éternellement. »

Autrement dit, seul le fils qui observe la volonté de son père aura la vie éternelle. Or, la volonté du Père de la Vie n'est pas la vie personnelle et égoïste, mais la vie filiale du fils de l'homme ; et ainsi l'homme sauve sa vie lorsqu'il la considère comme un gage, comme quelque chose qui lui a été confié par le Père pour le bénéfice de tous, comme quelque chose avec lequel vivre la vie du fils de l'homme.

Un homme, sur le point de voyager dans un pays lointain, réunit ses serviteurs et partagea entre eux ses biens. Bien que ne recevant aucune instruction précise sur la manière dont ils devaient utiliser ces biens, certains domestiques comprirent que les biens appartenaient toujours au maître et qu'ils devaient les employer à son profit. Et les serviteurs qui avaient travaillé pour le bien du maître étaient récompensés, tandis que les autres, qui n'avaient pas autant travaillé, étaient dépouillés même de ce qu'ils avaient reçu. (Matt. XXV. 14-46.)

La vie du fils de l'homme a été donnée à tous les hommes, et ils ne savent pas pourquoi. Certains d'entre eux comprennent que la vie n'est pas pour leur usage personnel, mais qu'ils doivent l'utiliser pour le bien du fils de l'homme ; d'autres, feignant de ne pas comprendre le véritable but de la vie, refusent de travailler pour le fils de l'homme ; et ceux qui travaillent pour la vraie vie seront unis à la source de la vie ; ceux qui ne travaillent pas ainsi perdront la vie qu'ils ont déjà. Jésus nous dit en quoi consiste le service du fils de l'homme et quelle sera la récompense de ce service. Le fils de l'homme, doté de l'autorité royale, appellera les fidèles à hériter de la vraie vie ; ils ont nourri les affamés, donné à boire aux assoiffés, habillé et consolé les malheureux, et ce faisant, ils ont servi le fils de l'homme, qui est le même en tous les hommes ; ils n'ont pas vécu la vie personnelle, mais la vie du fils de l'homme, et la vie éternelle leur est donnée.

Selon tous les Évangiles, l'objet de l'enseignement de Jésus était la vie éternelle. Et, aussi étrange que cela puisse paraître, Jésus, qui est censé avoir été ressuscité en personne et avoir promis une résurrection générale, non seulement Jésus n'a rien dit pour affirmer la résurrection individuelle et l'immortalité individuelle au-delà du tombeau, mais au contraire , chaque fois qu'il rencontrait cette superstition (introduite à cette époque dans le Talmud, et dont il n'y a aucune trace dans les récits des prophètes hébreux), il ne manquait pas d'en nier la vérité. Les Pharisiens et les Sadducéens discutaient constamment du sujet de la résurrection des morts. Les Pharisiens croyaient à la résurrection des morts, aux anges et aux esprits (Actes xxiii, 8), mais les Sadducéens ne croyaient ni à la résurrection, ni aux anges, ni aux esprits. Nous ne connaissons pas la source de la différence de croyance, mais il est certain qu'elle fut un des sujets de polémique parmi les questions secondaires de la doctrine hébraïque qui étaient constamment en discussion dans les synagogues. Et Jésus non seulement n'a pas reconnu la résurrection, mais il l'a niée chaque fois qu'il en rencontrait l'idée. Lorsque les Sadducéens demandèrent à Jésus, supposant qu'il croyait avec les Pharisiens à la résurrection, à lequel des sept frères devait appartenir la femme, il réfuta avec clarté et précision l'idée de la résurrection individuelle, disant qu'à ce sujet ils se trompaient, sachant ni les Écritures ni la puissance de Dieu. Ceux qui sont dignes de la résurrection, dit-il, resteront comme les anges du ciel (Marc XII, 21-24) ; et à l'égard des morts :

" N'avez-vous pas lu dans le livre de Moïse comment, dans le buisson, Dieu lui parla , disant : Je suis le Dieu d'Abraham, le Dieu d'Isaac et le Dieu de Jacob ? [15] *Il n'est pas le Dieu de les morts, mais le Dieu des vivants : vous vous trompez donc grandement »* (Marc XII, 26, 27.)

La signification de Jésus était que les morts vivent en Dieu. Dieu dit à Moïse : « Je suis le Dieu d'Abraham, d'Isaac et de Jacob. » Pour Dieu, tous ceux qui ont vécu la vie du fils de l'homme sont vivants. Jésus a seulement affirmé ceci, que quiconque vit en Dieu sera uni à Dieu ; et il n'admettait aucune autre idée de la résurrection. Quant à la résurrection personnelle, aussi étrange que cela puisse paraître à ceux qui n'ont jamais étudié attentivement les Évangiles par eux-mêmes, Jésus n'en a rien dit du tout.

Si, comme l'enseignent les théologiens, le fondement de la foi chrétienne est la résurrection de Jésus, n'est-il pas étrange que Jésus, connaissant sa propre résurrection, sachant qu'en cela consistait en lui le principal dogme de la foi, n'est-il pas étrange que Jésus n'en a-t-il pas parlé au moins une fois, en termes clairs et précis ? Or, selon les Évangiles canoniques, non seulement il n'en parlait pas en termes clairs et précis ; il n'en parla pas du tout, pas une seule fois, pas un seul mot.

La doctrine de Jésus consistait dans l'élévation du fils de l'homme, c'est-à-dire dans la reconnaissance de la part de l'homme que lui, l'homme, était le fils de Dieu. Dans sa propre individualité, Jésus personnifiait l'homme qui a reconnu la relation filiale avec Dieu. Il a demandé à ses disciples qui, selon les hommes, était le fils de l'homme ? Ses disciples répondirent que certains le prenaient pour Jean-Baptiste, et d'autres pour Élie. Alors vint la question : « *Mais qui dites-vous que je suis ?* » Et Pierre répondit : « *Tu es le Messie, le fils du Dieu vivant.* » Jésus répondit : « *Ce n'est pas la chair et le sang qui te l'ont révélé, mais mon Père. qui est au ciel* ;" ce qui signifie que Pierre a compris, non par la foi dans les explications humaines, mais parce que, se sentant fils de Dieu, il a compris que Jésus était aussi le fils de Dieu. Et après avoir expliqué à Pierre que la vraie foi est fondée sur la perception de la relation filiale avec Dieu, Jésus a chargé ses autres disciples de ne dire à personne qu'il était le Messie. Après cela, Jésus leur dit que même s'il pouvait souffrir beaucoup de choses et être mis à mort, lui, c'est-à-dire sa doctrine, serait rétabli triomphalement. Et ces paroles sont interprétées comme une prophétie de la résurrection (Matthieu XVI, 13-21).

Parmi les treize passages [16] qui sont interprétés comme des prophéties de Jésus concernant sa propre résurrection, deux font référence à Jonas dans le ventre de la baleine, un autre à la reconstruction du temple. Les autres affirment que le fils de l'homme ne sera pas détruit ; mais il n'y a pas un mot sur la résurrection de Jésus. Dans aucun de ces passages, le mot « résurrection » ne figure dans le texte original. Demandez à quiconque ignore les interprétations théologiques, mais qui connaît le grec, de les traduire, et il ne sera jamais d'accord avec les versions reçues. Dans l'original, nous trouvons deux mots différents, ἀ νίστημι et ἐ γείρω , qui sont rendus dans le sens de résurrection ; l'un de ces mots signifie « rétablir » ; l'autre signifie « s'éveiller, s'élever, s'éveiller ». Mais ni l'un ni l'autre ne peuvent en aucun cas signifier « ressusciter », c'est-à-dire ressusciter des morts. En ce qui concerne ces mots grecs et le mot hébreu correspondant, *qum* , il suffit d'examiner les passages scripturaires où ces mots sont employés, comme ils le sont très fréquemment, pour voir qu'en aucun cas le sens « ressusciter » n'est admissible. Le mot *voskresnovit* , *auferstehn* , *resusciter* — « réanimer » — n'existait pas dans les langues grecques ou hébraïques, pour la raison que la conception correspondant à ce mot n'existait pas. Pour exprimer l'idée de résurrection en grec ou en hébreu, il faut employer une périphrase signifiant « est ressuscité, s'est réveillé parmi les morts ». Ainsi, dans l'Évangile de Matthieu (xiv. 2) où il est fait référence à la croyance d'Hérode selon laquelle Jean-Baptiste avait été ressuscité, nous lisons : α ὐ τ ὸ ς ἠ γέϱθη ἀ π ὸ τ ῶ ν νεϰϱ ῶ ν , "s'est réveillé parmi les morts". De la même manière, dans Luc (XVI, 31), à la fin de la parabole de Lazare, où il est dit que si les hommes ne croyaient pas aux prophètes, ils ne croiraient pas même si quelqu'un ressuscitait, nous trouvons la périphrase : ἐ άν τις ἐκ νεϰϱ ῶ ν ἀ ν αστ ῆ , "si quelqu'un ressuscitait parmi les morts". Mais, si dans ces passages les mots « parmi les morts » n'étaient pas ajoutés aux mots « ressuscité ou réveillé », les deux derniers ne pourraient jamais signifier réanimation. Lorsque Jésus parlait de lui-même, il n'utilisait pas une seule fois les mots « parmi les morts » dans aucun des passages cités pour étayer l'affirmation selon laquelle Jésus avait prédit sa propre résurrection.

Notre conception de la résurrection est si étrangère à toute idée que les Hébreux avaient sur la vie, que nous ne pouvons même pas imaginer comment Jésus aurait pu leur parler de la résurrection et d'une vie éternelle et individuelle, qui devrait être le lot de chaque homme. L'idée d'une vie éternelle future ne vient ni de la doctrine juive ni de la doctrine de Jésus, mais d'une source entièrement différente. Nous sommes obligés de croire que la croyance à une vie future est une conception primitive et grossière, fondée sur une idée confuse de la ressemblance de la mort et du sommeil, idée commune à toutes les races sauvages.

La doctrine hébraïque (et bien plus encore la doctrine chrétienne) était bien au-dessus de cette conception. Mais nous sommes si convaincus du caractère élevé de cette superstition, que nous nous en servons comme d'une preuve de la supériorité de notre doctrine sur celle des Chinois ou des Hindous, qui n'y croient pas du tout. Non seulement les théologiens, mais aussi les libres penseurs, les savants historiens des religions, comme Tiele et Max Müller, utilisent le même argument. Dans leur classification des religions, ils donnent la première place à celles qui reconnaissent la superstition de la résurrection, et les déclarent de loin supérieures à celles qui ne professent pas cette croyance. Schopenhauer a hardiment dénoncé la religion hébraïque comme la plus méprisable de toutes les religions, car elle ne contient aucune trace de cette croyance. Non seulement l'idée elle-même, mais tous les moyens de l'exprimer manquaient à la religion hébraïque. La vie éternelle est en hébreu *hayail éolam* . Par *olam*, on entend l'infini, ce qui est permanent dans les limites du temps ; *olam* signifie aussi « monde » ou « cosmos ». La vie universelle, et bien plus encore *hayai Leolam* , « vie éternelle », est, selon la doctrine juive, l'attribut de Dieu seul. Dieu est le Dieu de la vie, le Dieu vivant. L'homme, selon l'idée hébraïque, est toujours mortel. Dieu seul vit toujours. Dans le Pentateuque, l'expression « vie éternelle » se retrouve deux fois ; une fois dans le Deutéronome et une fois dans la Genèse. Dieu est représenté comme disant : -

Voyez maintenant que moi, même moi, je le suis,

t il n'y a pas de dieu avec moi :

tue et je fais vivre ;

ai blessé et je guéris :

t personne ne peut délivrer de ma main.

ar je lève la main vers le ciel,

t dites : Comme je vis pour toujours. "

Deut. XXXII. 39, 40.)

« *Et Jéhovah dit : Voici, l'homme est devenu comme l'un d'entre nous, pour connaître le bien et le mal ; et maintenant, de peur qu'il n'étende la main, ne prenne aussi l'arbre de vie et ne vive éternellement.* » (Gen. iii. 22.)

Ces deux seuls cas d'utilisation de l'expression « vie éternelle » dans l'Ancien Testament (à l'exception d'un autre cas dans le livre apocryphe de Daniel) déterminent clairement la conception hébraïque de la vie de l'homme et de la vie éternelle. La vie elle-même, selon les Hébreux, est éternelle, elle est en Dieu ; mais l'homme est toujours mortel : c'est sa nature de l'être. Selon la doctrine juive, l'homme en tant qu'homme est mortel. Il n'a la vie que lorsqu'elle passe d'une génération à l'autre et se perpétue ainsi dans une race. Selon la doctrine juive, la faculté de vivre existe chez le *peuple* . Lorsque Dieu dit : « Vous pouvez vivre et ne pas mourir », il adressa ces paroles au peuple. La vie que Dieu a insufflée à l'homme est mortelle pour chaque être humain ; cette vie se perpétue de génération en génération, si les hommes accomplissent l'union avec Dieu, c'est-à-dire obéissent aux conditions imposées par Dieu. Après avoir exposé la Loi et leur avoir dit que cette Loi ne se trouvait pas dans le ciel, mais dans leur propre cœur, Moïse dit au peuple :

" *Vois, j'ai mis aujourd'hui devant toi la vie et le bien, et la mort et le mal ; en ce sens que je te commande aujourd'hui d'aimer l'Éternel, de marcher dans ses voies et de garder ses commandements, afin que tu vives ... . J'en prends aujourd'hui à témoin contre toi le*

*ciel et la terre, que j'ai mis devant toi la vie et la mort, la bénédiction et la malédiction :
choisis donc la vie, afin que tu vives , toi et ta postérité : aimer l'Éternel, obéir. sa voix, et
de s'attacher à lui : car il est ta vie et la durée de tes jours »* (Deut. XXX. 15-19.)

La principale différence entre notre conception de la vie humaine et celle des
Juifs est que, même si nous croyons que notre vie mortelle, transmise de
génération en génération, n'est pas la vraie vie, mais une vie déchue, une vie
temporairement dépravée, la Les Juifs, au contraire, croyaient que cette vie
était le bien véritable et suprême, donné à l'homme à condition qu'il obéisse
à la volonté de Dieu. De notre point de vue, la transmission de la vie déchue
de génération en génération est la transmission d'une malédiction ; du point
de vue juif, c'est le bien suprême auquel l'homme peut accéder, à condition
d'accomplir la volonté de Dieu. C'est précisément sur la conception
hébraïque de la vie que Jésus a fondé sa doctrine de la vie vraie ou éternelle,
qu'il oppose à la vie personnelle et mortelle. Jésus dit aux Juifs :

*« Sondez les Écritures ; car en elles vous pensez avoir la vie éternelle ; et ce sont elles qui
témoignent de moi. »* (Jean v. 39.)

Au jeune homme qui lui demandait ce qu'il devait faire pour avoir la vie
éternelle, Jésus répondit : « *Si tu veux entrer dans la vie, garde les commandements* .
Il n'a pas dit « la vie éternelle », mais simplement « la vie » (Matt. XIX, 17). A
la même question posée par le scribe, la réponse fut : « *Fais ceci, et tu vivras* »
(Luc X, 28), promettant encore une fois la vie, mais ne disant rien de la vie
éternelle. De ces deux exemples, nous savons ce que Jésus entendait par vie
éternelle ; chaque fois qu'il utilisait cette expression en s'adressant aux Juifs,
il l'employait exactement dans le même sens dans lequel elle était exprimée
dans leur propre loi : l'accomplissement de la volonté de Dieu. Contrairement
à la vie temporaire, isolée et personnelle, Jésus a enseigné la vie éternelle
promise par Dieu à Israël, avec cette différence que, même si les Juifs
croyaient que la vie éternelle devait être perpétuée uniquement par leur
peuple élu, et que quiconque veut posséder cette vie doit suivre les lois
exceptionnelles données par Dieu à Israël, — la doctrine de Jésus soutient
que la vie éternelle se perpétue dans le fils de l'homme, et que pour l'obtenir
il faut pratiquer les commandements de Jésus, qui résumait la volonté de
Dieu pour toute l'humanité.

Contrairement à la vie personnelle, Jésus nous a enseigné non pas une vie
d'outre-tombe, mais cette vie universelle qui comprend en elle la vie de
l'humanité, passée, présente et à venir. Selon la doctrine juive, la vie
personnelle ne pouvait être sauvée de la mort qu'en accomplissant la volonté
de Dieu telle qu'elle est exposée dans la loi mosaïque. A cette condition seule
la vie de la race juive ne périrait pas, mais passerait de génération en
génération du peuple élu de Dieu. Selon la doctrine de Jésus, la vie
personnelle est sauvée de la mort par l'accomplissement de la volonté de

Dieu telle qu'elle est exposée dans les commandements de Jésus. A cette seule condition la vie personnelle ne périt pas, mais devient éternelle et immuable, en union avec le fils de l'homme. La différence est que si la religion donnée par Moïse était celle d'un peuple pour un Dieu national, la religion de Jésus est l'expression des aspirations de toute l'humanité. La perpétuité de la vie dans la postérité d'un peuple est douteuse, parce que le peuple lui-même peut disparaître, et que la perpétuité dépend d'une postérité dans la chair. La perpétuité de la vie, selon la doctrine de Jésus, est indubitable, car la vie, selon sa doctrine, est un attribut de toute l'humanité dans le fils de l'homme qui vit en harmonie avec la volonté de Dieu.

Si nous croyons que les paroles de Jésus concernant le jugement dernier et la consommation du monde, et d'autres paroles rapportées dans l'Évangile de Jean, sont une promesse d'une vie au-delà du tombeau pour les âmes des hommes, si nous croyons cela, cela Il n'en est pas moins vrai que ses enseignements concernant la lumière de la vie et le royaume de Dieu ont pour nous la même signification qu'ils avaient pour ses auditeurs il y a dix-huit siècles ; c'est-à-dire que la seule vie réelle est la vie du fils de l'homme conforme à la volonté du Donateur de Vie. Il est plus facile de l'admettre que d'admettre que la doctrine de la vraie vie, conforme à la volonté du Donateur de vie, contient la promesse de l'immortalité de la vie au-delà de la tombe.

Peut-être est-il juste de penser qu'après cette vie terrestre passée dans la satisfaction de désirs personnels, l'homme entrera en possession d'une vie personnelle éternelle au paradis, pour y goûter toutes les jouissances imaginables ; mais croire qu'il en est ainsi, s'efforcer de se persuader que pour nos bonnes actions nous serons récompensés par une félicité éternelle, et pour nos mauvaises actions punies par des tourments éternels, — croire cela ne nous aide pas à comprendre la doctrine de Jésus, mais, au contraire, enlève le fondement principal de cette doctrine. Toute la doctrine de Jésus inculque le renoncement à la vie personnelle et imaginaire et la fusion de cette vie personnelle dans la vie universelle de l'humanité, dans la vie du fils de l'homme. Or la doctrine de l'immortalité individuelle de l'âme ne nous pousse pas à renoncer à la vie personnelle ; au contraire, il affirme la continuité de l'individualité pour toujours.

Les Juifs, les Chinois, les Hindous, tous les hommes qui ne croient pas au dogme de la chute et de la rédemption, conçoivent la vie telle qu'elle est. Un homme vit, s'unit à une femme, engendre des enfants, en prend soin, vieillit et meurt. Sa vie continue dans ses enfants et se transmet ainsi de génération en génération, comme tout le reste dans le monde : pierres, métaux, terre, plantes, animaux, étoiles. La vie est la vie et nous devons en tirer le meilleur parti.

Vivre pour soi seul, pour la vie animale, n'est pas raisonnable. Ainsi, dès leur plus ancienne existence, les hommes ont cherché une raison quelconque pour vivre en dehors de la satisfaction de leurs propres désirs ; ils vivent pour leurs enfants, pour leurs familles, pour leur nation, pour l'humanité, pour tout ce qui ne meurt pas avec la vie personnelle.

Mais selon la doctrine de l'Église, la vie humaine, le bien suprême que nous possédons, n'est qu'une très petite partie d'une autre vie dont nous sommes privés pour un temps. Notre vie n'est pas la vie que Dieu avait l'intention de nous donner ou celle qui nous est due. Notre vie est dégénérée et déchue, un simple fragment, une moquerie, comparée à la vie réelle à laquelle nous pensons avoir droit. Le but principal de la vie n'est pas d'essayer de vivre cette vie mortelle conformément à la volonté du Donateur de Vie ; ou pour le rendre éternel dans les générations, comme le croyaient les Hébreux ; ou pour nous identifier à la volonté de Dieu, comme Jésus l'a enseigné ; non, c'est croire qu'après cette vie irréelle va commencer la vraie vie.

Jésus n'a pas parlé de la vie imaginaire que nous croyons être notre dû et que Dieu ne nous a pas donnée pour une raison inexpliquée. La théorie de la chute d'Adam, de la vie éternelle au paradis, d'une âme immortelle insufflée par Dieu en Adam, était inconnue de Jésus ; il n'en parlait jamais, ne faisait jamais la moindre allusion à son existence. Jésus a parlé de la vie telle qu'elle est, telle qu'elle doit être pour tous les hommes ; nous parlons d'une vie imaginaire qui n'a jamais existé. Comment, alors, pouvons-nous comprendre la doctrine de Jésus ?

Jésus ne s'attendait pas à un changement de point de vue aussi singulier chez ses disciples. Il supposait que tous les hommes comprenaient que la destruction de la vie personnelle est inévitable, et il leur révéla une vie impérissable. Il offre la vraie paix à ceux qui souffrent ; mais pour ceux qui croient qu'ils sont certains de posséder plus que ce que Jésus donne, sa doctrine ne peut avoir aucune valeur. Comment puis-je persuader un homme de travailler en échange de nourriture et de vêtements si cet homme est persuadé qu'il possède déjà de grandes richesses ? Evidemment, il ne prêtera aucune attention à mes exhortations. Il en est ainsi de la doctrine de Jésus. Pourquoi devrais-je travailler dur pour gagner du pain alors que je peux être riche sans travail ? Pourquoi devrais-je me donner la peine de vivre cette vie selon la volonté de Dieu alors que je suis sûr d'avoir une vie personnelle pour l'éternité ?

Que Jésus-Christ, en tant que deuxième personne de la Trinité, en tant que Dieu manifesté dans la chair, était le salut des hommes ; qu'il a pris sur lui la pénalité pour le péché d'Adam et les péchés de tous les hommes ; qu'il a expié à la première personne de la Trinité les péchés de l'humanité ; qu'il a institué l'Église et les sacrements pour notre salut — en croyant cela, nous sommes sauvés et entrerons en possession de la vie personnelle et éternelle au-delà de la tombe. Mais en attendant, nous ne pouvons nier qu'il a sauvé et sauve encore les hommes en leur révélant leur perte inévitable, en leur montrant qu'il est le chemin, la vérité et la vie, le vrai chemin vers la vie au lieu du faux chemin vers la vie personnelle. que les hommes avaient suivi jusqu'ici.

S'il y a quelqu'un qui doute de la vie au-delà de la tombe et du salut basé sur la rédemption, personne ne peut douter du salut de tous les hommes, et de chaque homme individuellement, s'il accepte l'évidence de la destruction de la vie personnelle et suit les véritable voie vers la sécurité en mettant leur volonté personnelle en harmonie avec la volonté de Dieu. Que tout homme doué de raison se demande : Qu'est-ce que la vie ? et Qu'est-ce que la mort ? et qu'il essaie de donner à la vie et à la mort tout autre sens que celui révélé par Jésus, et il constatera que toute tentative pour trouver à la vie un sens non fondé sur le renoncement à soi-même, sur le service de l'humanité, du fils de l'homme , est complètement inutile. Il ne fait aucun doute que la vie personnelle est condamnée à la destruction, et qu'une vie conforme à la volonté de Dieu seule donne la possibilité du salut. Ce n'est pas grand-chose en comparaison de la croyance sublime en la vie future ! Ce n'est pas grand-chose, mais c'est sûr.

Je suis perdu avec mes compagnons dans une tempête de neige. L'un d'eux m'assure avec la plus grande sincérité qu'il aperçoit une lumière au loin, mais ce n'est qu'un mirage qui nous trompe tous deux ; nous nous efforçons d'atteindre cette lumière, mais nous ne parvenons jamais à la trouver. Un autre balaie résolument la neige ; il cherche et trouve le chemin, et il nous crie : « N'allez pas par là, la lumière que vous voyez est fausse, vous errerez vers la destruction ; voici le chemin, je le sens sous mes pieds ; nous sommes sauvés. C'est très peu, disons-nous. Nous avions foi en cette lumière qui brillait dans nos yeux trompés, qui nous annonçait un refuge, un abri chaleureux, un repos, une délivrance, et maintenant en échange nous n'avons plus que la route. Ah, mais si nous continuons à voyager vers la lumière imaginaire, nous périrons ; si nous suivons la route, nous arriverons sûrement à un havre de sécurité.

Que dois-je donc faire si moi seul comprends la doctrine de Jésus, et si moi seul y ai confiance parmi un peuple qui ne la comprend pas et n'y obéit pas ? Que dois-je faire, pour vivre comme le reste du monde, ou vivre selon la doctrine de Jésus ? J'ai compris la doctrine de Jésus telle qu'exprimée dans ses commandements, et je croyais que la pratique de ces commandements apporterait le bonheur à moi et à tous les hommes. J'ai compris que l'accomplissement de ces commandements est la volonté de Dieu, source de vie. Plus encore, je voyais que je mourrais comme une brute après une existence ridicule si je n'accomplissais pas la volonté de Dieu, et que la seule chance de salut résidait dans l'accomplissement de sa volonté. En suivant l'exemple du monde qui m'entoure, j'agirais incontestablement contre le bien de tous les hommes, et surtout contre la volonté du Donateur de Vie ; Je devrais sûrement renoncer à la seule possibilité d'améliorer mon état désespéré. En suivant la doctrine de Jésus, je devrais continuer l'œuvre commune à tous les hommes qui ont vécu avant moi ; Je devrais contribuer au bien-être de mes semblables et de ceux qui vivraient après moi ; Je dois obéir au commandement du Donateur de Vie ; Je devrais saisir le seul espoir de salut.

Le cirque de Berditchef [17] est en flammes. Une foule de gens se débat devant l'unique issue, une porte qui s'ouvre vers l'intérieur. Soudain, au milieu de la foule, une voix retentit : « Reculez, éloignez-vous de la porte ; plus vous vous serrez contre elle, moins vous avez de chances de vous échapper ; reculez ; c'est votre seule chance de salut ! Que je sois seul à comprendre ce commandement, ou que d'autres avec moi entendent et comprennent aussi, je n'ai qu'un devoir, c'est qu'à partir du moment où j'ai entendu et compris, me retirer de la porte et appeler tout le monde. obéir à la voix du sauveur . Je peux être étouffé, je peux être écrasé sous les pieds de la multitude, je peux périr ; ma seule chance de sécurité est de faire la seule chose nécessaire pour sortir. Et je ne peux rien faire d'autre. Un sauveur doit être un sauveur , c'est-à-dire quelqu'un qui sauve. Et le salut de Jésus est le vrai salut. Il est venu, il a prêché sa doctrine et l'humanité est sauvée.

Le cirque peut brûler en une heure et ceux qui y sont enfermés n'auront peut-être pas le temps de s'échapper. Mais le monde brûle depuis mille huit cents ans ; elle brûle depuis que Jésus a dit : « *Je suis venu jeter le feu sur la terre* » ; et je souffre pendant qu'il brûle, et il continuera à brûler jusqu'à ce que l'humanité soit sauvée. Ce feu n'a-t-il pas été allumé pour que les hommes aient la félicité du salut ? Comprenant cela, j'ai compris et cru que Jésus n'est pas seulement le Messie, c'est-à-dire l'Oint, le Christ, mais qu'il est en vérité le Sauveur du monde. Je sais qu'il est le seul chemin, qu'il n'y a pas d'autre chemin pour moi ni pour ceux qui sont tourmentés par moi dans cette vie. Je sais que pour moi comme pour tous, il n'y a pas d'autre sécurité que l'accomplissement des commandements de Jésus, qui a donné à toute l'humanité la plus grande somme de bienfaits imaginables.

Y aurait-il de grandes épreuves à endurer ? Dois-je mourir en suivant la doctrine de Jésus ? Cette question ne m'a pas alarmé. Cela peut paraître effrayant à quiconque ne se rend pas compte du néant et de l'absurdité d'une vie personnelle isolée et qui croit qu'il ne mourra jamais. Mais je sais que ma vie, considérée par rapport à mon bonheur individuel, est, prise en elle-même, une farce prodigieuse, et que cette existence dénuée de sens se terminera par une mort stupide. Sachant cela, je n'ai rien à craindre. Je mourrai comme meurent d'autres qui n'observent pas la doctrine de Jésus ; mais ma vie et ma mort auront un sens pour moi et pour les autres. Ma vie et ma mort auront ajouté quelque chose à la vie et au salut des autres, et cela sera conforme à la doctrine de Jésus.

CHAPITRE IX.

QUE le monde entier pratique la doctrine de Jésus, et le règne de Dieu viendra sur terre ; si je le pratique seul , je ferai ce que je peux pour améliorer ma propre condition et celle de ceux qui m'entourent. Il n'y a pas de salut en dehors de l'accomplissement de la doctrine de Jésus. Mais qui me donnera la force de le pratiquer , de le suivre sans cesse et de ne jamais échouer ? " *Seigneur, je crois ; aide mon incrédulité.* " Les disciples appelèrent Jésus à fortifier leur foi. " *Quand je veux faire le bien* ", dit l'apôtre Paul, " *le mal est présent avec moi* ". Il est difficile de parvenir à son salut.

Un homme qui se noie appelle à l'aide. Une corde lui est lancée et il dit : « Renforce ma croyance que cette corde me sauvera. Je crois que la corde me sauvera ; mais aide mon incrédulité. Qu'est-ce que cela veut dire? Si un homme ne veut pas saisir son seul moyen de sécurité, il est clair qu'il ne comprend pas sa condition.

Comment un chrétien qui prétend croire à la divinité de Jésus et à sa doctrine, quel que soit le sens qu'il y attache, peut-il dire qu'il veut croire et qu'il ne peut pas croire ? Dieu vient sur terre et dit : « Le feu, les tourments, les ténèbres éternelles vous attendent ; et voici votre salut : accomplissez ma doctrine. » Il n'est pas possible qu'un chrétien croyant ne croie pas et ne profite pas du salut qui lui est ainsi offert ; il n'est pas possible qu'il dise : « Au secours de mon incrédulité ». Si un homme dit cela, non seulement il ne croit pas à sa perdition, mais il doit être certain qu'il ne périra pas.

Plusieurs enfants sont tombés d'un bateau à l'eau. Un instant leurs vêtements et leurs faibles luttes les maintiennent à la surface du ruisseau, et ils ne se rendent pas compte du danger. Ceux qui sont dans le bateau jettent une corde. Ils mettent en garde les enfants contre le péril et les incitent à saisir la corde (les paraboles de la femme et de la pièce d'argent, du berger et de la brebis perdue, du festin des noces, du fils prodigue, ont toutes ce sens), mais le les enfants ne croient pas ; ils refusent de croire, non pas à la corde, mais au fait qu'ils risquent de se noyer. Des enfants aussi frivoles qu'eux leur ont assuré qu'ils pouvaient continuer à flotter gaiement même lorsque le bateau est loin. Les enfants ne croient pas ; mais quand leurs vêtements seront saturés, la force de leurs petits bras épuisée, ils couleront et périront. Cela, ils ne le croient pas, et donc ils ne croient pas à la corde de sécurité.

De même que les enfants dans l'eau ne saisiront pas la corde qu'on leur lance, persuadés qu'ils ne périront pas, de même les hommes qui croient à la résurrection de l'âme, convaincus qu'il n'y a pas de danger, ne mettent pas en pratique les commandements de Jésus. . Ils ne croient pas à ce qui est certain, tout simplement parce qu'ils croient à ce qui est incertain. C'est pour cette raison qu'ils crient : « Seigneur, fortifie notre foi, de peur que nous ne périssions ». Mais c'est impossible. Pour avoir la foi qui les sauvera de la perdition, ils doivent cesser de faire ce qui les mènera à la perdition, et ils doivent commencer à faire quelque chose pour leur propre sécurité ; ils doivent saisir la corde de sécurité. Or, c'est exactement ce qu'ils ne souhaitent pas faire ; ils veulent se persuader qu'ils ne périront pas, bien qu'ils voient leurs camarades périr les uns après les autres sous leurs yeux. Ils souhaitent se persuader de la vérité de ce qui n'existe pas et demandent donc à être fortifiés dans la foi. Il est clair qu'ils n'ont pas assez de foi et qu'ils en souhaitent davantage.

Quand j'ai compris la doctrine de Jésus, j'ai vu que ce que ces hommes appellent foi est la foi dénoncée par l'apôtre Jacques : [18] —

" *A quoi sert, mes frères, si un homme croit qu'il a la foi, mais qu'il n'a pas les œuvres ? Cette foi peut-elle le sauver ? Si un frère ou une sœur est nu et manque de nourriture quotidienne, et que l'un de vous leur dit : Allez en paix, soyez réchauffés et rassasiés ; et pourtant vous ne leur donnez pas les choses nécessaires au corps ; à quoi cela sert-il, même si la foi, si elle n'a pas les œuvres, est morte en elle- même ? Tu as la foi, et j'ai des œuvres : Montre-moi ta foi qui est sans les œuvres, et moi, par mes œuvres, je te montrerai ma foi. Tu crois qu'il y a un seul Dieu ; tu fais bien : les démons croient aussi et tremblent. sauras-tu, ô homme vain, que la foi sans les œuvres est morte ? Abraham, notre père, n'a-t-il pas été justifié par les œuvres lorsqu'il a offert Isaac son fils sur l'autel ? Tu vois que la foi a travaillé par ses œuvres, et que par les œuvres la foi a été rendue parfaite ? .... Vous voyez que par les œuvres un homme est justifié, et pas seulement par la foi.... Car, comme le corps sans l'esprit est mort, ainsi la foi est morte sans les œuvres* " (Jacques ii. 14-26.)

Jacques dit que l'indication de la foi, ce sont les actes qu'elle inspire, et par conséquent qu'une foi qui n'aboutit pas à des actes n'est que des paroles, avec lesquelles on ne peut nourrir celui qui a faim, ni justifier sa croyance, ni obtenir le salut. Une foi sans actes n'est pas la foi. Ce n'est qu'une disposition à croire en quelque chose, une vaine affirmation de croyance en quelque chose à laquelle on ne croit pas vraiment. La foi, telle que la définit l'apôtre Jacques, est le moteur des actions, et les actions sont une manifestation de la foi.

Les Juifs dirent à Jésus : « *Quels miracles fais- tu donc, pour que nous puissions te voir et te croire ? que fais-tu ?* » (Jean VI, 30. Voir aussi Marc XV, 32 ; Matth. XXVII, 42). Jésus leur dit que leur désir était vain et qu'on ne pouvait pas leur faire croire ce qu'ils ne croyaient pas. « *Si je vous le dis*, dit-il, *vous ne croirez pas* » (Luc XXII, 67) ; « *Je vous l'ai dit, et vous n'avez pas cru... Mais vous ne croyez pas parce que vous n'êtes pas de mes brebis* » (Jean X. 25, 26).

Les Juifs demandaient exactement ce que demandaient les chrétiens élevés dans l'Église ; ils demandaient quelque signe extérieur qui leur fasse croire à la doctrine de Jésus. Jésus expliqua que c'était impossible et il leur expliqua pourquoi c'était impossible. Il leur dit qu'ils ne pouvaient pas croire parce qu'ils n'étaient pas de ses brebis ; c'est-à-dire qu'ils n'ont pas suivi la route qu'il avait indiquée. Il expliqua pourquoi certains croyaient et pourquoi d'autres ne croyaient pas, et il leur expliqua ce qu'était réellement la foi. Il dit : « *Comment pouvez-vous croire, vous qui recevez votre doctrine* (δόξ α [19]) *les uns des autres, et ne pas rechercher la doctrine qui vient seulement de Dieu ?* » (Jean v. 44).

Pour croire, dit Jésus, nous devons rechercher la doctrine qui vient de Dieu seul.

" *Celui qui parle de lui-même cherche* (à étendre) *sa propre doctrine,* δόξ αν τ ὴ ν ἴ δι αν, *mais celui qui cherche* (à étendre) *la doctrine de celui qui l'a envoyé, celle-ci est vraie, et il n'y a aucun mensonge en lui.* " (Jean VII. 18.)

La doctrine de la vie, δόξ α, est le fondement de la foi, et les actions résultent spontanément de la foi. Mais il existe deux doctrines de vie : Jésus nie l'une et affirme l'autre. L'une de ces doctrines, source de toutes erreurs, consiste dans l'idée que la vie personnelle est l'un des attributs essentiels et réels de l'homme. Cette doctrine a été suivie et est encore suivie par la majorité des hommes ; elle est la source de croyances et d'actes divergents. L'autre doctrine, enseignée par Jésus et par tous les prophètes, affirme que notre vie personnelle n'a de sens que par l'accomplissement de la volonté de Dieu. Si un homme confesse une doctrine qui met l'accent sur sa vie personnelle, il considérera que son bien-être personnel est la chose la plus importante au monde, et il considérera les richesses, les honneurs, la gloire, le plaisir comme de véritables sources de bonheur ; il aura une foi conforme à son inclination, et ses actes seront toujours en harmonie avec sa foi. Si un homme confesse une doctrine différente, s'il trouve l'essence de la vie dans l'accomplissement de la volonté de Dieu conformément à l'exemple d'Abraham et à l'enseignement et à l'exemple de Jésus, sa foi sera conforme à ses principes et ses actes seront conforme à sa foi. Ainsi, ceux qui croient que le vrai bonheur se trouve dans la vie personnelle ne pourront jamais avoir foi en la doctrine de Jésus. Tous leurs efforts pour y fixer leur foi seront toujours vains. Pour croire en la doctrine de Jésus, ils doivent regarder la vie d'une manière totalement différente. Leurs actions coïncideront toujours avec leur foi et non avec leurs intentions et leurs paroles.

Chez les hommes qui exigent de Jésus qu'il fasse des miracles, nous pouvons reconnaître un désir de croire en sa doctrine ; mais ce désir ne peut jamais se réaliser dans la vie, quels que soient les efforts déployés pour l'obtenir. En vain, ils prient, observent les sacrements, donnent en charité, construisent des églises et convertissent les autres ; ils ne peuvent pas suivre l'exemple de Jésus parce que leurs actes sont inspirés par une foi fondée sur une doctrine entièrement différente de celle qu'ils confessent. Ils ne pouvaient pas sacrifier un fils unique comme Abraham était prêt à le faire, même si Abraham n'hésitait pas du tout sur ce qu'il devait faire, tout comme Jésus et ses disciples étaient poussés à donner leur vie pour les autres, car une telle action seule constituait pour eux le seul moyen de sacrifier leur fils unique. vrai sens de la vie. Cette incapacité à comprendre la substance de la foi explique l'étrange état moral des hommes qui, reconnaissant qu'ils doivent vivre selon la doctrine de Jésus, s'efforcent de vivre en opposition avec cette doctrine, conformément à leur conviction que la vie personnelle est un bien souverain.

Le fondement de la foi est le sens que nous tirons de la vie, le sens qui détermine si nous considérons la vie comme importante et bonne, ou comme insignifiante et corrompue. La foi est l'appréciation du bien et du mal. Les hommes ayant une foi basée sur leurs propres doctrines ne parviennent pas du tout à harmoniser cette foi avec la foi inspirée par la doctrine de Jésus ; et il en était de même pour les premiers disciples. Cette méprise est fréquemment évoquée dans les Évangiles en termes clairs et décisifs. À plusieurs reprises, les disciples ont demandé à Jésus de renforcer leur foi dans ses paroles (Matt. XX. 20-28 ; Marc X. 35-48). Après le message, si terrible pour tout homme qui croit en sa vie personnelle et qui cherche son bonheur dans les richesses de ce monde, après les paroles : « *Avec quelle difficulté ceux qui ont des richesses entreront-ils dans le royaume de Dieu* », et après les paroles Plus terrible encore pour les hommes qui ne croient qu'à la vie personnelle : « *Vends tout ce que tu as et donne-le aux pauvres* » ; après ces paroles d'avertissement, Pierre demanda : « *Voici, nous avons tout abandonné et nous t'avons suivi ; qu'aurons-nous donc ?* » Alors Jacques et Jean et, selon l'Évangile de Matthieu, leur mère, lui demandèrent de pouvoir s'asseoir. avec lui dans la gloire. Ils ont demandé à Jésus de fortifier leur foi avec une promesse de récompense future. À la question de Pierre, Jésus répondit par une parabole (Matt. XX. 1-16) ; à James, il répondit qu'ils ne savaient pas ce qu'ils demandaient ; qu'ils demandaient ce qui était impossible ; qu'ils ne comprenaient pas la doctrine, qui signifiait un renoncement à la vie personnelle, alors qu'ils réclamaient une gloire personnelle, une récompense personnelle ; qu'ils devaient boire la coupe dans laquelle il a bu (c'est-à-dire vivre comme il a vécu), mais s'asseoir à sa droite et à sa gauche ne lui appartenait pas. Et Jésus a ajouté que les grands de ce monde n'avaient leur profit et leur jouissance de gloire et de pouvoir personnel que dans la vie mondaine ; mais que ses disciples doivent savoir que le vrai sens de la vie humaine n'est pas dans le bonheur personnel, mais dans le ministère des autres ; " *le fils de l'homme n'est pas venu pour être servi, mais pour servir et donner sa vie en rançon pour beaucoup* ". En réponse aux exigences déraisonnables qui révélaient leur lenteur à comprendre sa doctrine, Jésus n'ordonna pas à ses disciples d'avoir foi en sa doctrine, c'est-à-dire de modifier les idées inspirées par leur propre doctrine (il savait que c'était impossible), mais il leur expliqua le sens de cette vie qui est la base de la vraie foi, c'est-à-dire leur apprit à discerner le bien du mal, l'important du secondaire.

A la question de Pierre : « *Que recevrons-nous ?* » Jésus répond par la parabole des ouvriers de la vigne (Matt. XX, 1-16), commençant par les mots « *Car le royaume des cieux est semblable à un homme qui est maître de maison* », et par ce moyen Jésus explique à Pierre que le fait de ne pas comprendre la doctrine est la cause du manque de foi ; et que la rémunération proportionnelle à la quantité de travail effectué n'a d'importance que du point de vue de la vie personnelle.

Cette foi est fondée sur la présomption de certains droits imaginaires ; mais un homme n'a droit à rien ; il est obligé du bien qu'il a reçu, et il ne peut donc rien exiger. Même s'il consacrait toute sa vie au service des autres, il ne pourrait pas payer la dette qu'il a contractée et il ne pourrait donc pas se plaindre d'une injustice. Si un homme accorde une valeur à ses droits à la vie, s'il tient compte de la Puissance dominante dont il a reçu la vie, il prouve simplement qu'il ne comprend pas le sens de la vie. Les hommes qui ont reçu une prestation agissent tout autrement. Les ouvriers employés à la vigne étaient trouvés par le maître de maison oisifs et malheureux ; ils ne possédaient pas la vie au sens propre du terme. Et puis le maître de maison leur a donné le bien suprême de la vie : le travail. Ils acceptaient les avantages offerts et étaient mécontents parce que leur rémunération n'était pas graduelle selon leurs mérites imaginaires. Ils ont fait le travail, croyant en leur fausse doctrine de la vie et du travail comme un droit, et par conséquent avec une idée de la rémunération à laquelle ils avaient droit. Ils n'ont pas compris que le travail est le bien suprême et qu'ils devraient être reconnaissants d'avoir la possibilité de travailler, au lieu d'exiger un paiement. Et ainsi, tous les hommes qui considèrent la vie comme ces ouvriers la considéraient ne pourront jamais posséder la vraie foi. Cette parabole des ouvriers, racontée par Jésus en réponse à la demande de ses disciples de fortifier leur foi, montre plus clairement que jamais le fondement de la foi enseignée par Jésus.

Lorsque Jésus dit à ses disciples qu'ils devaient pardonner à un frère qui avait péché contre eux non seulement une fois, mais soixante-dix fois sept fois, les disciples furent bouleversés par la difficulté d'observer cette injonction et dirent : « *Augmente notre foi* », tout comme un peu alors qu'auparavant ils demandaient : « *Que recevrons-nous ?* » Maintenant, ils prononçaient le langage des futurs chrétiens : « Nous souhaitons croire, mais nous ne le pouvons pas ; fortifiez notre foi afin que nous puissions être sauvés ; faites-nous croire » (comme les Juifs dit à Jésus quand ils demandaient des miracles) ; "soit par des miracles, soit par des promesses de récompense, fais-nous avoir foi en notre salut."

Les disciples ont dit ce que nous disons tous : « Comme ce serait agréable si nous pouvions vivre notre vie égoïste et croire en même temps qu'il vaut bien mieux pratiquer la doctrine de Dieu en vivant pour les autres. Cette disposition d'esprit nous est commune à tous ; c'est contraire au sens de la doctrine de Jésus, et pourtant nous sommes étonnés de notre manque de foi.

Jésus a dissipé ce malentendu au moyen d'une parabole illustrant la vraie foi. La foi ne peut pas venir de la confiance dans ses paroles ; la foi ne peut venir que d'une conscience de notre condition ; la foi est basée uniquement sur les préceptes de la raison quant à ce qu'il est préférable de faire dans une situation donnée. Il montra que cette foi ne peut être éveillée chez les autres par des promesses de récompense ou des menaces de châtiment, qui ne peuvent éveiller qu'une faible confiance qui échouera au premier procès ; mais que la foi qui déplace les montagnes, la foi que rien ne peut briser, est inspirée par la conscience de notre perte inévitable si nous ne profitons pas du salut qui nous est offert.

Pour avoir la foi, il ne faut compter sur aucune promesse de récompense ; nous devons comprendre que la seule façon d'échapper à une vie ruinée est une vie conforme à la volonté du Maître. Celui qui comprend cela ne demandera pas à être fortifié dans sa foi, mais œuvrera à son salut sans avoir besoin d'aucune exhortation. Le maître de maison, lorsqu'il revient des champs avec son ouvrier, ne demande pas à ce dernier de s'asseoir immédiatement pour dîner, mais lui ordonne de s'occuper d'abord d'autres tâches et de servir lui, le maître, puis de prendre sa place. à table et dîner. C'est ce que fait l'ouvrier sans avoir le sentiment d'être lésé ; il ne se vante pas de son travail et n'exige pas non plus de reconnaissance ou de récompense, car il sait que le travail est la condition inévitable de son existence et le véritable bien-être de sa vie. Ainsi Jésus dit que lorsque nous avons fait tout ce qui nous est commandé, nous avons seulement rempli notre devoir. Celui qui comprend ses relations avec son maître comprendra qu'il n'a la vie que dans la mesure où il obéit à la volonté du maître ; il saura en quoi consiste son bien, et il aura une foi qui n'exige pas l'impossible. C'est la foi enseignée par Jésus, qui a pour fondement une perception approfondie du vrai sens de la vie. La source de la foi est la lumière : -

" C'était la vraie lumière qui éclaire tout homme venant dans le monde. Il était dans le monde, et le monde a été fait par lui, et le monde ne l'a pas connu. Il est venu chez les siens, et les siens ne l'ont pas reçu. Mais à tous ceux qui l'ont reçu, il a donné le droit de devenir enfants de Dieu, même à ceux qui croient en son nom " (Jean 1. 9-12.)

" Et voici la condamnation : la lumière est venue dans le monde, et les hommes ont préféré les ténèbres à la lumière, parce que leurs actions étaient mauvaises. Car quiconque fait le mal hait la lumière et ne vient pas à la lumière, de peur que ses œuvres ne soient altérées. être réprimandé. Mais celui qui pratique la vérité vient à la lumière, afin que ses œuvres soient manifestées, parce qu'elles ont été faites en Dieu » (Jean iii. 19-21.)

Celui qui comprend la doctrine de Jésus ne demandera pas à être fortifié dans sa foi. La doctrine de Jésus enseigne que la foi est inspirée par la lumière de la vérité. Jésus n'a jamais demandé aux hommes d'avoir foi en sa personne ; il les a appelés à avoir foi en la vérité. Aux Juifs, il dit :

« *Vous cherchez à me tuer, moi qui vous ai dit la vérité que j'ai entendue de Dieu.* » (Jean VIII, 40.)

« *Lequel d'entre vous me convainc de péché ? Si je dis la vérité, pourquoi ne me croyez-vous pas ?* » (Jean VIII, 46.)

« *Je suis né et je suis venu dans le monde pour rendre témoignage à la vérité. Quiconque est de la vérité entend ma voix.* » (Jean XVIII, 37.)

à son disciple :

« *Je suis le chemin, la vérité et la vie.* » (Jean XIV, 6.)

" *Le Père... vous donnera un autre Consolateur, afin qu'il soit avec vous pour toujours, l'Esprit de vérité : que le monde ne peut pas recevoir ; car il ne le voit pas et ne le connaît pas : vous le connaissez ; car il demeure avec vous et sera en vous.* " (Jean XIV. 16, 17.)

La doctrine de Jésus est donc la vérité, et lui-même est la vérité. La doctrine de Jésus est la doctrine de la vérité. La foi en Jésus n'est pas la croyance en un système basé sur sa personnalité, mais une conscience de la vérité. Personne ne peut être persuadé de croire en la doctrine de Jésus, et personne ne peut non plus être incité par une récompense promise à la mettre en pratique . Celui qui comprend la doctrine de Jésus aura foi en lui, car cette doctrine est vraie. Celui qui connaît la vérité indispensable à son bonheur doit y croire, tout comme un homme qui sait qu'il se noie saisit la corde du salut. D'où la question : Que dois-je faire pour croire ? est une indication que celui qui le demande ne comprend pas la doctrine de Jésus.

CHAPITRE X.

NOUS disons : Il est difficile de vivre selon la doctrine de Jésus ! Et pourquoi cela ne serait-il pas difficile, alors que par notre organisation de vie nous nous cachons soigneusement notre véritable situation ; quand nous essayons de nous persuader que notre situation n'est pas du tout ce qu'elle est, mais qu'elle est autre chose ? Nous appelons cette foi, et la considérant comme sacrée, nous nous efforçons par tous les moyens possibles, par les menaces, par la flatterie, par le mensonge, en stimulant les émotions, d'attirer les hommes à son soutien. Dans cette folle volonté de croire ce qui est contraire au sens et à la raison, nous atteignons un tel degré d'aberration que nous sommes prêts à prendre pour indice de vérité l'absurdité même de l'objet en faveur duquel nous sollicitons la confiance des hommes. N'y a-t-il pas des chrétiens prêts à déclarer avec enthousiasme « Credo quia absurdum », en supposant que l'absurde est le meilleur moyen d'enseigner la vérité aux hommes ? Il n'y a pas longtemps, un homme intelligent et très érudit me disait que la doctrine chrétienne n'avait aucune importance comme règle morale de vie. La moralité, dit-il, doit être recherchée dans les enseignements des stoïciens et des brahmanes, ainsi que dans le Talmud. L'essence de la doctrine chrétienne ne réside pas dans la moralité, dit-il, mais dans la doctrine théosophique énoncée dans ses dogmes. Selon cela, je ne dois pas valoriser la doctrine chrétienne non pas pour ce qu'elle contient de bien éternel pour l'humanité, ni pour ses enseignements indispensables à une vie raisonnable ; Je dois considérer comme l'élément le plus important du christianisme cette partie qu'il est impossible de comprendre, et par conséquent inutile, — et cela au nom de milliers d'hommes qui ont péri pour leur foi.

Nous avons une fausse conception de la vie, une conception basée sur le mal et inspirée par des passions égoïstes, et nous considérons notre foi dans cette fausse conception (que nous avons en quelque sorte attachée à la doctrine de Jésus) comme la plus importante et la plus nécessaire. chose qui nous préoccupe. Si les hommes n'avaient pas maintenu pendant des siècles leur foi dans ce qui est faux, cette fausse conception de la vie, ainsi que la vérité de la doctrine de Jésus, auraient été révélées depuis longtemps.

C'est une chose terrible à dire, mais il me semble que si la doctrine de Jésus et celle de l'Église qui lui a été imposée n'avaient jamais existé, ceux qui se disent aujourd'hui chrétiens seraient beaucoup plus proches qu'ils ne l'auraient fait. sont à la vérité de la doctrine de Jésus ; c'est-à-dire à la doctrine raisonnable qui enseigne le vrai sens de la vie. Les doctrines morales de tous les prophètes du monde ne leur seraient alors pas fermées. Ils auraient leurs petites idées sur la vérité et les considéreraient avec confiance. Maintenant, toute la vérité est révélée, et cette vérité a tellement horrifié ceux dont elle condamnait le mode de vie, qu'ils l'ont déguisée en mensonge, et les hommes ont perdu confiance dans la vérité.

Dans notre société européenne, les paroles de Jésus : « *Je suis venu dans le monde pour rendre témoignage à la vérité. Quiconque est de la vérité entend ma voix* », ont été longtemps supplantées. par la question de Pilate : « *Qu'est-ce que la vérité ?* » Cette question, citée comme une amère et profonde ironie contre un Romain, nous l'avons prise au sérieux et en avons fait un article de foi.

Chez nous, tous les hommes vivent non seulement sans vérité, non seulement sans le moindre désir de connaître la vérité, mais avec la ferme conviction que, parmi toutes les occupations inutiles, la plus inutile est de chercher la vérité qui régit la vie humaine. La règle de vie, la doctrine que tous les peuples, à l'exception de nos sociétés européennes, ont toujours considérée comme la chose la plus importante, la règle dont Jésus parlait comme la seule chose nécessaire, est un objet de mépris universel. Une institution appelée l'Église, à laquelle personne, même s'il en appartient, ne croit vraiment, a usurpé depuis longtemps la place de cette règle.

La seule source de lumière pour ceux qui pensent et souffrent est cachée. Pour une solution aux questions : Que suis-je ? que dois-je faire ? Je n'ai pas le droit de dépendre de la doctrine de celui qui est venu sauver ; On me dit d'obéir aux autorités et de croire en l'Église. Mais pourquoi la vie est-elle si pleine de mal ? Pourquoi tant de méfaits ? Ne puis-je pas m'abstenir d'y participer ? Est-il impossible d'alléger cette lourde charge qui m'alourdit ? La réponse est que c'est impossible, que le désir de bien vivre et d'aider les autres à bien vivre n'est qu'une tentation d'orgueil ; qu'une chose est possible : sauver son âme pour la vie future. Celui qui ne veut pas participer à cette vie misérable peut s'en tenir à l'écart ; cette voie est ouverte à tous ; mais, dit la doctrine de l'Église, celui qui choisit cette voie ne peut prendre part à la vie du monde ; il cesse de vivre. Nos maîtres nous disent qu'il n'y a que deux manières : croire aux pouvoirs en place et leur obéir, participer au mal organisé autour de nous, ou abandonner le monde et se réfugier dans un couvent ou un monastère ; participer aux offices de l'Église, ne rien faire pour les hommes et déclarer la doctrine de Jésus impossible à pratiquer , accepter l'iniquité de la vie sanctionnée par l'Église, ou renoncer à la vie pour ce qui équivaut à un suicide lent.

Aussi surprenante que soit la croyance selon laquelle la doctrine de Jésus est excellente, mais impossible à mettre en pratique, il existe une tradition encore plus surprenante selon laquelle celui qui souhaite pratiquer cette doctrine, non en paroles, mais en actes , doit se retirer du monde. Cette croyance erronée, selon laquelle il vaut mieux se retirer du monde que de s'exposer aux tentations, existait chez les Hébreux d'autrefois, mais elle est entièrement étrangère, non seulement à l'esprit du christianisme, mais à celui de la religion juive. L'histoire charmante et significative du prophète Jonas, que Jésus aimait tant citer, a été écrite en fonction de cette erreur même. Le prophète Jonas, désireux de rester droit et vertueux, se retire de la compagnie perverse des hommes. Mais Dieu lui montre qu'en tant que prophète, il doit communiquer aux hommes égarés la connaissance de la vérité et qu'il ne doit donc pas fuir les hommes, mais plutôt vivre en communion avec eux. Jonas, dégoûté de la dépravation des habitants de Ninive, s'enfuit de la ville ; mais il ne peut échapper à sa vocation. Il est ramené et la volonté de Dieu s'accomplit ; les Ninivites reçoivent les paroles de Jonas et sont sauvés. Au lieu de se réjouir d'être devenu l'instrument de la volonté de Dieu, Jonas se met en colère et condamne Dieu pour la miséricorde manifestée aux Ninivites , s'arrogeant à lui seul l'exercice de la raison et de la bonté. Il sort dans le désert et lui fait un abri, d'où il adresse ses reproches à Dieu. Puis une courge monte sur Jonas et le protège du soleil, mais le lendemain elle se flétrit. Jonas, frappé par la chaleur, reproche à nouveau à Dieu d'avoir laissé se faner la courge. Alors Dieu lui dit :

" *Tu as eu pitié de la courge, pour laquelle tu n'as pas travaillé ni fait croître ; elle est montée en une nuit et a péri en une nuit ; et n'aurais-je pas pitié de Ninive, cette grande ville où se trouve plus de six-vingt mille personnes qui ne peuvent distinguer leur main droite de leur main gauche ?*

Jésus connaissait cette histoire et y faisait souvent référence. Dans les Évangiles, nous trouvons raconté comment Jésus, après l'entretien avec Jean, retiré dans le désert, fut lui-même soumis à la même tentation avant de commencer sa mission. Il fut conduit par l'Esprit dans le désert, et là tenté par le Diable (erreur), dont il triompha et retourna en Galilée. Par la suite, il se mêla aux hommes les plus dépravés et passa sa vie parmi les publicains, les pharisiens et les pêcheurs, leur enseignant la vérité. [20]

Même selon la doctrine de l'Église, Jésus, comme Dieu dans l'homme, nous a donné l'exemple de sa vie. Toute sa vie que nous connaissons s'est déroulée en compagnie des publicains, des déchus et des pharisiens. Les principaux commandements de Jésus sont que ses disciples doivent aimer les autres et diffuser sa doctrine. Tous deux exigent une communion constante avec le monde. Et pourtant, on en déduit que la doctrine de Jésus permet de se retirer du monde. Autrement dit, pour imiter Jésus, nous pouvons faire exactement le contraire de ce qu'il a enseigné et fait lui-même.

Comme l'explique l'Église, la doctrine de Jésus s'offre aux hommes du monde et aux habitants des monastères, non pas comme une règle de vie pour améliorer sa propre condition et celle des autres, mais comme une doctrine qui enseigne à l'homme du monde monde comment vivre une vie mauvaise et en même temps gagner une autre vie, et le moine comment rendre l'existence encore plus difficile qu'elle ne l'est naturellement. Mais Jésus n'a pas enseigné cela. Jésus a enseigné la vérité, et si la vérité métaphysique est la vérité, elle le restera dans la pratique. Si la vie en Dieu est la seule vraie vie et qu'elle est en soi profitable, alors il en est ainsi ici dans ce monde, malgré tout ce qui peut arriver. Si dans ce monde une vie conforme à la doctrine de Jésus n'est pas profitable, sa doctrine ne peut pas être vraie.

Jésus ne nous demande pas de passer du meilleur au pire, mais au contraire du pire au meilleur. Il avait pitié des hommes, qui étaient pour lui comme des brebis sans berger. Il a dit que ses disciples seraient persécutés à cause de sa doctrine et qu'ils devraient supporter les persécutions du monde avec détermination. Mais il n'a pas dit que ceux qui suivraient sa doctrine souffriraient plus que ceux qui suivraient la doctrine du monde ; au contraire, il a dit que ceux qui suivraient la doctrine du monde seraient misérables et que ceux qui suivraient sa doctrine connaîtraient la joie et la paix. Jésus n'a pas enseigné le salut par la foi dans l'ascétisme ou la torture volontaire, mais il nous a enseigné un mode de vie qui, tout en nous sauvant du vide de la vie personnelle, nous donnerait moins de souffrance et plus de joie. Jésus dit aux hommes qu'en pratiquant sa doctrine parmi les incroyants, ils ne seraient pas plus malheureux, mais au contraire beaucoup plus heureux, que ceux qui ne la pratiquaient pas . Il y avait, disait-il, une règle infaillible : celle de ne pas se soucier de la vie mondaine. Quand Pierre dit à Jésus : « *Nous avons tout abandonné et nous t'avons suivi ; qu'aurons-nous donc ?* » Jésus répondit :

" *Il n'y a personne qui ait quitté maison, ou frères, ou sœurs, ou mère, ou père, ou enfants, ou terres, à cause de moi et à cause de l'Évangile, sans qu'il reçoive cent fois plus en ce temps-là, maisons, et frères, et sœurs, et mères, et enfants, et terres, avec des persécutions et dans le siècle à venir la vie éternelle* " (Marc x. 28-30.)

Jésus a déclaré, il est vrai, que ceux qui suivent sa doctrine doivent s'attendre à être persécutés par ceux qui ne la suivent pas, mais il n'a pas dit que ses disciples seraient dans une situation plus défavorable pour cette raison ; au contraire, il disait que ses disciples auraient, ici, dans ce monde, plus de bénéfices que ceux qui ne le suivraient pas. Que Jésus ait dit et pensé cela ne fait aucun doute, comme le montrent clairement la clarté de ses paroles à ce sujet, le sens de toute sa doctrine, de sa vie et de celle de ses disciples. Mais son enseignement à cet égard était-il vrai ?

Lorsque nous examinons la question de savoir laquelle des deux conditions serait la meilleure, celle des disciples de Jésus ou celle des disciples du monde, nous sommes obligés de conclure que la condition des disciples de Jésus devrait être la plus souhaitable, puisque les disciples de Jésus, en faisant du bien à tous , n'exciteraient pas la haine des hommes. Les disciples de Jésus, ne faisant de mal à personne, ne seraient persécutés que par les méchants. Les disciples du monde, au contraire, risquent d'être persécutés par tous , puisque la loi des disciples du monde est la loi de chacun pour soi, la loi de la lutte ; c'est-à-dire de persécution mutuelle. De plus, les disciples de Jésus seraient préparés à souffrir, tandis que les disciples du monde utiliseraient tous les moyens possibles pour éviter la souffrance ; les disciples de Jésus sentiraient que leurs souffrances étaient utiles au monde ; mais les disciples du monde ne savent pas pourquoi ils souffrent. Pour des raisons abstraites, la condition des disciples de Jésus serait donc plus avantageuse que celle des disciples du monde. Mais est-ce le cas dans la réalité ? Pour répondre à cela, que chacun se rappelle tous les moments douloureux de sa vie, toutes les souffrances physiques et morales qu'il a endurées, et qu'il se demande s'il a subi ces calamités pour la doctrine du monde ou pour au nom de la doctrine de Jésus. Tout homme sincère constatera, en se remémorant sa vie passée, qu'il n'a jamais souffert une seule fois pour avoir pratiqué la doctrine de Jésus. Il découvrira que la plupart des malheurs de sa vie sont dus au fait qu'il a suivi les doctrines du monde. Dans ma propre vie (exceptionnellement heureuse d'un point de vue mondain), je peux compter autant de souffrances causées par le fait de suivre la doctrine du monde que de nombreux martyrs en ont endurées pour la doctrine de Jésus. Tous les moments les plus douloureux de ma vie, les orgies et les duels auxquels j'ai participé en tant qu'étudiant, les guerres auxquelles j'ai participé, les maladies que j'ai endurées et les conditions anormales et insupportables dans lesquelles je vis maintenant, — tout cela n'est qu'un martyre exigé par la fidélité à la doctrine du monde. Mais je parle d'une vie exceptionnellement heureuse d'un point de vue mondain. Combien de martyrs ont souffert pour la doctrine du monde des tourments que j'aurais peine à énumérer !

Nous ne nous rendons pas compte des difficultés et des dangers que comporte la pratique de la doctrine du monde, simplement parce que nous sommes persuadés que nous ne pouvons faire autrement que de suivre cette doctrine. Nous sommes persuadés que toutes les calamités que nous nous infligeons sont le résultat des conditions inévitables de la vie, et nous ne pouvons comprendre que la doctrine de Jésus nous enseigne comment nous débarrasser de ces calamités et rendre notre vie heureuse. Pour pouvoir répondre à la question : Laquelle de ces deux conditions est la plus heureuse ? nous devons, du moins pour le moment, mettre de côté nos préjugés et examiner attentivement notre environnement.

Parcourez nos grandes villes et observez les spécimens d'humanité émaciés, maladifs et déformés qui s'y trouvent ; rappelez-vous votre propre existence et celle de toutes les personnes dont vous connaissez la vie ; rappelez-vous les cas de morts violentes et de suicides dont vous avez entendu parler, puis demandez-vous pour quelle raison toutes ces souffrances et toutes ces morts, ce désespoir qui conduit au suicide, ont été endurés. Vous découvrirez, peut-être à votre grande surprise, que les neuf dixièmes de toutes les souffrances humaines endurées par les hommes sont inutiles et ne devraient pas exister, et qu'en fait, la majorité des hommes sont des martyrs de la doctrine du monde.

Un jour d'automne pluvieux, j'ai pris le tramway près de la tour Sukhareff à Moscou. Sur une demi- verste, le véhicule se fraya un chemin à travers une foule compacte qui reforma rapidement ses rangs. Du matin au soir, ces milliers d'hommes, pour la plupart affamés et en haillons, marchaient avec colère dans la boue, exprimant leur haine par des épithètes injurieuses et des actes de violence. Le même spectacle peut être vu sur toutes les places publiques de Moscou. Au coucher du soleil, ces gens vont aux tavernes et aux maisons de jeux ; leurs nuits se passent dans la crasse et la misère. Pensez à la vie de ces gens, à ce qu'ils abandonnent par choix pour leur condition actuelle ; pensez au lourd fardeau du travail sans récompense qui pèse sur ces hommes et ces femmes, et vous verrez que ce sont de vrais martyrs. Tous ces gens ont abandonné leurs maisons, leurs terres, leurs parents, leurs femmes et leurs enfants ; ils ont renoncé à tous les conforts de la vie, et ils sont venus dans les villes pour acquérir ce qui, selon l'Évangile du monde, est indispensable à chacun . Et tous ces dizaines de milliers de malheureux dorment dans des taudis et subsistent de boissons fortes et de nourriture misérable. Mais en dehors de cette classe, tous, depuis l'ouvrier d'usine, le chauffeur de taxi, la couturière et la lorette , jusqu'au commerçant et au fonctionnaire du gouvernement, tous endurent les conditions les plus douloureuses et les plus anormales sans pouvoir acquérir ce que, selon la doctrine du monde. , est indispensable à chacun.

Cherchez parmi tous ces hommes, depuis le mendiant jusqu'au millionnaire, celui qui est content de son sort, et vous n'en trouverez pas un sur mille. Chacun dépense ses forces à la poursuite de ce qu'exige la doctrine du monde et de ce qu'il est malheureux de ne pas posséder, et à peine a-t-il obtenu un objet de ses désirs, qu'il lutte pour en obtenir un autre, et un autre encore, dans ce domaine. travail infini de Sisyphe qui détruit la vie des hommes. Parcourez l'échelle des fortunes individuelles, allant d'un revenu annuel de trois cents roubles à cinquante mille roubles , et vous trouverez rarement une personne qui ne s'efforce pas de gagner quatre cents roubles s'il en a trois cents, cinq cents s'il en a quatre. cent, et ainsi de suite jusqu'au sommet de l'échelle. Parmi eux, vous n'en trouverez guère un qui, avec cinq cents roubles , veuille adopter le mode de vie de celui qui n'en a que quatre cents. Lorsqu'un tel cas se produit, il n'est pas inspiré par le désir de rendre la vie plus simple, mais d'amasser de l'argent et de le rendre plus sûr. Chacun s'efforce continuellement d'alourdir encore plus le lourd fardeau de l'existence, en s'adonnant corps et âme à la pratique de la doctrine du monde. Aujourd'hui, il faudra acheter un pardessus et des galoches , demain une montre et une chaîne ; le lendemain il faut s'installer dans un appartement avec un canapé et une lampe en bronze ; alors il nous faudra des tapis et des robes de velours

; puis une maison, des chevaux et des voitures, des peintures et des décorations, et puis... alors nous tombons malades du surmenage et mourons. Un autre continue la même tâche, sacrifie sa vie à ce même Moloch, puis meurt à son tour, sans se rendre compte de ce qu'il a vécu.

Mais peut-être que cette existence est en soi attrayante ? Comparez-le avec ce que les hommes ont toujours appelé le bonheur, et vous verrez qu'il est hideux. Car quelles sont, selon l'estimation générale, les principales conditions du bonheur terrestre ? Une des premières conditions du bonheur est que le lien entre l'homme et la nature ne soit pas rompu, c'est-à-dire qu'il puisse voir le ciel au-dessus de lui et qu'il puisse jouir du soleil, de l'air pur, les champs avec leur verdure, leur vie innombrable. Les hommes ont toujours considéré comme un grand malheur d'être privés de toutes ces choses. Mais quelle est la condition de ces hommes qui vivent selon la doctrine du monde ? Plus ils réussissent à pratiquer la doctrine du monde, plus ils sont privés de ces conditions de bonheur. Plus leur réussite mondaine est grande, moins ils peuvent jouir de la lumière du soleil, de la fraîcheur des champs et des bois, et de tous les délices de la vie à la campagne. Beaucoup d'entre eux — y compris presque toutes les femmes — arrivent à la vieillesse sans avoir vu le soleil se lever ni les beautés du petit matin, sans avoir vu une forêt que du siège d'une voiture, sans avoir jamais planté un champ ou un jardin. , et sans avoir la moindre idée des mœurs et des habitudes des animaux muets.

Ces gens, entourés de lumière artificielle au lieu du soleil, ne regardent que les tissus de tapisserie, les pierres et les bois façonnés par la main de l'homme ; le rugissement des machines, le roulis des véhicules, le tonnerre des canons, le bruit des instruments de musique, sont toujours dans leurs oreilles ; ils respirent une atmosphère lourde de parfums distillés et de fumée de tabac ; à cause de la faiblesse de leur estomac et de leurs goûts dépravés, ils mangent des aliments riches et très épicés. Lorsqu'ils se déplacent d'un endroit à l'autre, ils voyagent dans des voitures fermées. Quand ils vont à la campagne, ils ont les mêmes étoffes sous les pieds ; les mêmes draperies masquaient le soleil ; et la même rangée de serviteurs coupait toute communication avec les hommes, la terre, la végétation et les animaux qui les entouraient. Partout où ils vont, ils sont comme autant de captifs privés des conditions du bonheur. De même que les prisonniers se consolent parfois avec un brin d'herbe qui se fraye un chemin à travers le trottoir de leur cour de prison, ou font d'une araignée ou d'une souris des animaux de compagnie, de même ces gens-là s'amusent parfois avec des plantes maladives, un perroquet, un caniche ou un singe, dont ils ne répondent cependant pas eux-mêmes aux besoins.

Une autre condition inévitable du bonheur est le travail : d'abord, le travail intellectuel que l'on est libre de choisir et qu'on aime ; deuxièmement, l'exercice de la puissance physique qui apporte un bon appétit et un sommeil tranquille et profond. Ici encore, plus la prospérité imaginée qui revient aux hommes selon la doctrine du monde est grande, plus ces hommes sont privés de cette condition de bonheur. Tous les peuples prospères du monde, les hommes dignes et riches, sont aussi complètement privés des avantages du travail que s'ils étaient enfermés au secret. Ils luttent sans succès contre les maladies causées par le besoin d'exercice physique et contre l'ennui qui les poursuit ; sans succès, parce que le travail n'est un plaisir que lorsqu'il est nécessaire, et qu'ils n'ont besoin de rien ; ou bien ils entreprennent des travaux qui leur sont odieux, comme les banquiers, les notaires, les administrateurs et les fonctionnaires du gouvernement, et leurs femmes, qui planifient les réceptions et les déroutes et conçoivent des toilettes pour eux et leurs enfants. (Je dis odieux, parce que je n'ai encore jamais rencontré personne de cette classe qui se contentât de son travail ou qui y prenait autant de satisfaction que le portier en éprouve à pelleter la neige devant sa porte.) Tous ces favoris de la fortune sont soit privés de travail ou sont obligés de travailler à ce qui ne leur plaît pas, à la manière des criminels condamnés aux travaux forcés.

La troisième condition incontestable du bonheur est la famille. Mais plus les hommes sont esclaves du succès du monde, plus ils sont certainement privés des plaisirs domestiques. La majorité d'entre eux sont des libertins, qui renoncent délibérément aux joies de la vie familiale et n'en conservent que les soucis. S'ils ne sont pas libertins, leurs enfants, au lieu d'être une source de plaisir, sont un fardeau, et tous les moyens possibles sont employés pour rendre le mariage infructueux. S'ils ont des enfants, ils ne font aucun effort pour cultiver les plaisirs de la compagnie avec eux. Ils confient presque continuellement leurs enfants aux soins d'étrangers, les confiant d'abord à l'instruction de personnes qui sont habituellement étrangères, puis les envoyant dans des établissements d'enseignement public, de sorte que dans la vie de famille ils n'ont que des chagrins, et les enfants dès l'enfance sont aussi malheureux que leurs parents et souhaitent la mort de leurs parents pour qu'ils puissent devenir les héritiers. [21] Ces personnes ne sont pas enfermées dans des prisons, mais les conséquences de leur manière de vivre à l'égard de la famille sont plus mélancoliques que la privation des relations domestiques infligées à ceux qui sont maintenus en détention en vertu d'une sentence de la loi.

La quatrième condition du bonheur est une relation amicale et sans restriction avec toutes les classes d'hommes. Et plus un homme est placé haut dans l'échelle sociale, plus il est certain qu'il est privé de cette condition essentielle du bonheur. Plus il monte haut, plus son cercle d'associés se rétrécit ; le niveau inférieur abaisse le niveau moral et intellectuel de ceux à la compagnie desquels il est retenu.

Le paysan et sa femme sont libres d'entrer en relations amicales avec chacun, et si un million d'hommes ne veulent rien avoir à faire avec eux, il reste quatre-vingts millions de personnes avec lesquelles ils peuvent fraterniser, depuis l'Archange jusqu'à Astrakhan, sans attendre un accord. visite cérémonielle ou introduction. Un employé et sa femme trouveront des centaines de personnes qui sont leurs égales ; mais les commis d'un rang supérieur ne les admettent pas sur le pied de l'égalité sociale, et ils sont, à leur tour, exclus des autres. L'homme riche du monde compte par dizaines les familles avec lesquelles il est prêt à entretenir des liens sociaux – tout le reste du monde est étranger. Pour le ministre et le millionnaire, il n'y a qu'une douzaine de personnes aussi riches et aussi importantes qu'eux. Pour les rois et les empereurs, le cercle est encore plus étroit. Le système tout entier n'est-il pas comme une grande prison où chaque détenu est limité à la fréquentation de quelques codétenus ?

Enfin, la cinquième condition du bonheur est la santé corporelle. Et une fois de plus, nous constatons qu'à mesure que l'on gravit l'échelle sociale, cette condition de bonheur est de moins en moins à la portée des adeptes de la doctrine du monde. Comparez une famille de statut social moyen avec une famille de paysans. Ces derniers travaillent sans relâche et sont robustes de corps ; le premier est composé d'hommes et de femmes plus ou moins sujets aux maladies. Rappelez-vous les hommes et les femmes riches que vous avez connus ; la plupart ne sont-ils pas invalides ? Une personne de cette classe, dont les handicaps physiques ne l'obligent pas à suivre périodiquement un traitement hygiénique et médical, est aussi rare que l'est un invalide parmi les classes laborieuses. Tous ces favoris de la fortune sont victimes et praticiens de vices sexuels devenus une seconde nature, et ils sont édentés, gris et chauves à l'âge où l'ouvrier est dans la fleur de l'âge. Presque tous souffrent de maladies nerveuses ou autres, dues à l'excès d'alimentation, à l'ivresse, au luxe et à la médication perpétuelle. Ceux qui ne meurent pas jeunes passent la moitié de leur vie sous l'influence de la morphine ou d'autres drogues, comme des épaves mélancoliques d'une humanité incapable de s'occuper d'elle-même, menant une existence parasitaire comme celle d'une certaine espèce de fourmis qui se nourrissent de leurs esclaves. . Voici la liste des morts. L'un s'est fait sauter la cervelle, un autre a pourri à cause des effets du poison syphilitique ; ce vieil homme succombait aux excès sexuels, ce jeune homme à un accès de sensualité sauvage ; l'un est mort d'ivresse, un autre de gourmandise, un autre d'abus de morphine, un autre d'un avortement provoqué. L'un après l'autre, ils périrent, victimes de la doctrine du monde. Et une multitude se presse derrière eux, comme une armée de martyrs, pour subir les mêmes souffrances, la même perdition.

Suivre la doctrine de Jésus est difficile ! Jésus a dit que ceux qui abandonneraient leurs maisons, leurs terres et leurs frères et suivraient sa doctrine recevraient le centuple en maisons, en terres et en frères, et en plus de tout cela, la vie éternelle. Et personne n'est même prêt à faire l'expérience. La doctrine du monde commande à ses adeptes de quitter leurs maisons, leurs terres et leurs frères ; abandonner la campagne pour la saleté de la ville, y travailler comme un gardien de bain et savonner le dos des autres ; comme apprenti dans un petit atelier souterrain, passant sa vie à compter des kopecks ; comme procureur pour servir à amener les malheureux sous la condamnation de la loi ; en tant que ministre, signant perpétuellement des documents sans importance ; comme chef d'une armée, tuant des hommes. — « Abandonnez tout et vivez cette vie hideuse qui se termine par une mort cruelle, et vous ne recevrez rien dans ce monde ni dans l'autre », est le commandement, et chacun écoute et obéit. Jésus nous dit de prendre la croix et de le suivre, de supporter avec soumission le sort qui nous est attribué. Personne n'entend ses paroles ni ne suit ses ordres. Mais qu'un homme en uniforme orné de dentelles d'or, un homme dont la spécialité est de tuer ses semblables, dise : « Prends, non pas ta croix, mais ton sac à dos et ta carabine, et marche vers la souffrance et une mort certaine », et un le puissant hôte est prêt à recevoir ses ordres. Laissant parents, femmes et enfants, vêtus de costumes grotesques, soumis à la volonté du premier venu d'un rang supérieur, affamés, engourdis et épuisés par les marches forcées, ils se dirigent, comme un troupeau de bœufs, vers l'abattoir, je ne sais où, et pourtant ce ne sont pas du bétail, ce sont des hommes.

Le désespoir dans le cœur, ils s'en vont, pour mourir de faim, de froid ou de maladie, ou, s'ils survivent, pour être amenés à portée d'une tempête de balles et recevoir l'ordre de tuer. Ils tuent et sont tués, aucun d'eux ne sait pourquoi ni dans quel but. Il suffit à un jeune ambitieux de brandir son épée et de crier quelques paroles magniloquentes pour se précipiter vers une mort certaine. Et pourtant, personne ne trouve cela difficile. Ni les victimes, ni ceux qu'elles ont abandonnés, ne trouvent rien de difficile à de tels sacrifices, auxquels les parents encouragent leurs enfants à participer. Il leur semble non seulement que de telles choses devraient être, mais qu'elles ne pourraient en être autrement, et qu'elles sont tout à fait admirables et morales.

Si la pratique de la doctrine du monde était facile, agréable et sans danger, on pourrait peut-être croire que la pratique de la doctrine de Jésus est difficile, effrayante et cruelle. Mais la doctrine du monde est bien plus difficile, plus dangereuse et plus cruelle que la doctrine de Jésus. Autrefois, nous dit-on, il y avait des martyrs pour la cause de Jésus ; mais ils étaient exceptionnels. On ne peut en compter plus de trois cent quatre-vingt mille environ, volontaires et involontaires, dans l'ensemble de dix-huit cents ans ; mais qui comptera les martyrs de la doctrine du monde ? Pour chaque martyr chrétien, il y a eu mille martyrs de la doctrine du monde, et les souffrances de chacun d'eux ont été cent fois plus cruelles que celles endurées par les autres. Le nombre des victimes des guerres au cours de notre seul siècle s'élève à trente millions d'hommes. Ce sont les martyrs de la doctrine du monde, qui auraient échappé à la souffrance et à la mort même s'ils avaient refusé de suivre la doctrine du monde, sans parler de suivre la doctrine de Jésus.

Si un homme cesse d'avoir foi dans la doctrine du monde et ne juge pas indispensable de porter des bottes vernies et une chaîne en or, d'entretenir un salon inutile ou de faire les diverses autres bêtises qu'exige la doctrine du monde, il ne connaîtra jamais les effets d'occupations abrutissantes, de souffrances illimitées, d'angoisses d'une lutte perpétuelle ; il restera en communion avec la nature ; il ne sera privé ni du travail qu'il aime, ni de sa famille, ni de sa santé, et il ne périra pas d'une mort cruelle et brutale.

La doctrine de Jésus n'exige pas un martyre semblable à celui de la doctrine du monde ; elle nous apprend plutôt comment mettre fin aux souffrances que les hommes endurent au nom de la fausse doctrine du monde. La doctrine de Jésus a une profonde signification métaphysique ; il a un sens en tant qu'expression des aspirations de l'humanité ; mais il a aussi pour chaque individu une signification très simple, très claire et très pratique en ce qui concerne la conduite de sa propre vie. En fait, nous pourrions dire que Jésus a enseigné aux hommes à ne pas faire de bêtises. Le sens de la doctrine de Jésus est simple et accessible à tous.

Jésus a dit que nous ne devions pas nous mettre en colère et ne pas nous considérer comme meilleurs que les autres ; si nous étions en colère et offensions les autres, tant pis pour nous. Encore une fois, il a dit qu'il fallait éviter le libertinage et, pour cela, choisir une femme à laquelle nous devions rester fidèles. Une fois de plus, il dit que nous ne devions pas nous engager par des promesses ou des serments au service de ceux qui pourraient nous contraindre à commettre des actes de folie et de méchanceté. Puis il dit que nous ne devions pas rendre le mal pour le mal, de peur que le mal ne revienne sur nous avec une force redoublée. Et enfin, il dit que nous ne devons pas considérer les hommes comme des étrangers parce qu'ils habitent dans un autre pays et parlent une langue différente de la nôtre. Et la conclusion est que si nous évitons de faire l'une de ces bêtises, nous serons heureux.

C'est bien beau, disons-nous, mais le monde est tellement organisé que, si nous nous y opposons, notre condition sera bien plus calamiteuse que si nous vivions conformément à sa doctrine. Si un homme refuse d'accomplir son service militaire, il sera enfermé dans une forteresse et éventuellement fusillé. Si un homme ne fait pas ce qui est nécessaire pour subvenir à ses besoins et à ceux de sa famille, lui et sa famille mourront de faim. Ainsi argumentent les gens qui se sentent obligés de défendre l'organisation sociale existante ; mais ils ne croient pas à la vérité de leurs propres paroles. Ils disent cela seulement parce qu'ils ne peuvent nier la vérité de la doctrine de Jésus qu'ils professent, et parce qu'ils doivent se justifier d'une manière ou d'une autre de leur incapacité à la mettre en pratique . Non seulement ils ne croient pas à ce qu'ils disent ; ils n'ont jamais sérieusement réfléchi au sujet. Ils ont foi dans la doctrine du monde, et ils n'utilisent que l'argument qu'ils ont appris de l'Église, à savoir que beaucoup de souffrance est inévitable pour ceux qui veulent pratiquer la doctrine de Jésus ; et c'est pourquoi ils n'ont jamais essayé de mettre en pratique la doctrine de Jésus.

Nous voyons assez de souffrances effroyables endurées par les hommes en suivant la doctrine du monde, mais en ces temps nous n'entendons rien parler de souffrance en faveur de la doctrine de Jésus. Trente millions d'hommes ont péri dans les guerres, en combattant au nom de la doctrine du monde ; des milliers de millions d'êtres ont péri, écrasés par un système social organisé sur le principe de la doctrine du monde ; mais où trouverons-nous de nos jours un million, un millier, une douzaine ou un seul qui soit mort d'une mort cruelle, ou ait même souffert de la faim et du froid, en faveur de la doctrine de Jésus ? Cette peur de souffrir n'est qu'une excuse puérile qui prouve combien nous connaissons peu la doctrine de Jésus. Non seulement nous ne le suivons pas ; nous ne le prenons même pas au sérieux. L'Église l'a expliqué de telle manière qu'il semble que ce ne soit pas la doctrine d'une vie heureuse, mais un épouvantail, une source de terreur.

Jésus appelle les hommes à boire à une source d'eau vive, qui est gratuite pour tous. Les hommes ont soif, ils ont mangé de la saleté et bu du sang, mais on leur a dit qu'ils périraient s'ils buvaient de cette eau qui leur est offerte par Jésus, et les hommes croient aux avertissements de la superstition. Ils meurent dans les tourments, avec à leur portée l'eau qu'ils n'osent toucher. S'ils voulaient seulement avoir foi dans les paroles de Jésus, et aller à ce puits d'eau vive et étancher leur soif, ils comprendraient à quel point l'imposture que l'Église leur a imposée a été rusée et à quel point leurs souffrances ont été inutilement prolongées. S'ils acceptaient seulement la doctrine de Jésus, franchement et simplement, ils verraient tout de suite l'horrible erreur dont nous sommes tous et toutes victimes.

Une génération après l'autre s'efforce de trouver la sécurité de son existence dans la violence et, par la violence, de protéger ses privilèges. Nous croyons que le bonheur de notre vie réside dans le pouvoir, la domination et l'abondance des biens matériels. Nous sommes tellement habitués à cette idée que nous sommes alarmés des sacrifices exigés par la doctrine de Jésus, qui enseigne que le bonheur de l'homme ne dépend pas de la fortune et de la puissance, et que les riches ne peuvent entrer dans le royaume de Dieu. Mais c'est une fausse idée de la doctrine de Jésus, qui nous enseigne, non pas à faire ce qui est le pire, mais à faire ce qui est le mieux pour nous-mêmes ici dans cette vie présente. Inspiré par son amour pour les hommes, Jésus leur a enseigné à ne pas dépendre d'une sécurité basée sur la violence, et à ne pas rechercher les richesses, tout comme nous apprenons aux gens ordinaires à s'abstenir, dans leur propre intérêt, des querelles et de l'intempérance. Il disait que si les hommes vivaient sans se défendre contre la violence et sans posséder de richesses, ils seraient plus heureux ; et il confirme ses paroles par l'exemple de sa vie. Il a dit qu'un homme qui vit selon sa doctrine doit être prêt à tout moment à endurer la violence des autres et, éventuellement, à mourir de faim et de froid. Mais cet avertissement, qui semble exiger des sacrifices si grands et insupportables, n'est qu'un énoncé des conditions dans lesquelles les hommes ont toujours existé et continueront toujours d'exister.

Un disciple de Jésus doit être préparé à tout, et spécialement à la souffrance et à la mort. Mais le disciple du monde se trouve-t-il dans une situation plus désirable ? Nous sommes tellement habitués à croire en tout ce que nous faisons pour la soi-disant sécurité de la vie (l'organisation des armées, la construction des forteresses, l'approvisionnement des troupes), que nos armoires, nos systèmes de soins médicaux, nos meubles et nos l'argent, tout semble être un gage réel et stable de notre existence. On oublie le sort de celui qui résolut de construire de plus grands entrepôts pour assurer l'abondance pendant de nombreuses années : il mourut en une nuit. Tout ce que nous faisons pour assurer notre existence est comme l'acte de l'autruche, lorsqu'elle cache sa tête dans le sable et ne voit pas que sa destruction est proche. Mais nous sommes encore plus stupides que l'autruche. Pour établir la sécurité douteuse d'une vie incertaine dans un avenir incertain, nous sacrifions une vie de certitude dans un présent que nous pourrions réellement posséder.

L'illusion réside dans la ferme conviction que notre existence peut être assurée par une lutte avec les autres. Nous sommes tellement habitués à cette prétendue sécurité illusoire de notre existence et de nos biens, que nous ne réalisons pas ce que nous perdons en luttant pour y parvenir. Nous perdons tout, nous perdons la vie elle-même. Notre vie entière est occupée par le souci de notre sécurité personnelle, par les préparatifs pour vivre, de sorte que nous ne vivons vraiment jamais du tout.

Si nous prenons un aperçu général de nos vies, nous verrons que tous nos efforts en faveur de la soi-disant sécurité de l'existence ne sont pas du tout faits pour assurer la sécurité, mais simplement pour nous aider à oublier que l'existence n'a jamais été créée. , et ne pourra jamais être, sécurisé. Mais il ne suffit pas de dire que nous sommes les dupes de nos propres illusions et que nous abandonnons la vraie vie pour une vie imaginaire ; nos efforts pour la sécurité aboutissent souvent à la destruction de ce que nous souhaitons le plus préserver. Les Français ont pris les armes en 1870 pour assurer leur existence nationale, et cette tentative a entraîné la destruction de centaines de milliers de Français. Tous ceux qui prennent les armes vivent la même expérience. L'homme riche croit que son existence est en sécurité parce qu'il possède de l'argent et que son argent attire un voleur qui le tue. Le malade pense assurer sa vie en utilisant des médicaments, et les médicaments l'empoisonnent lentement ; s'ils ne provoquent pas sa mort, ils lui ôtent au moins la vie, jusqu'à ce qu'il ressemble à l'homme impuissant qui a attendu trente-cinq ans au bord de la piscine pour qu'un ange descende et trouble les eaux. La doctrine de Jésus, qui nous enseigne qu'il est impossible d'assurer la vie, mais que nous devons être prêts à mourir à tout moment, est incontestablement préférable à la doctrine du monde, qui nous oblige à lutter pour la sécurité de l'existence. C'est préférable parce que l'impossibilité d'échapper à la mort et l'impossibilité de sécuriser la vie sont les mêmes pour les disciples de Jésus que pour les disciples du monde ; mais, selon la doctrine de Jésus, la vie elle-même n'est pas absorbée dans la vaine tentative de sécuriser l'existence. Pour le disciple de Jésus, la vie est libre et peut être consacrée à la fin pour laquelle elle est digne : son propre bien-être et celui des autres. Le disciple de Jésus sera pauvre, mais cela veut seulement dire qu'il jouira toujours des dons que Dieu a prodigués aux hommes. Il ne ruinera pas sa propre existence. Nous faisons du mot pauvreté un synonyme de calamité, mais il est en vérité une source de bonheur, et même si nous pouvons le considérer comme une calamité, il reste néanmoins une source de bonheur. Être pauvre signifie ne pas vivre dans les villes, mais à la campagne, ne pas être enfermé dans des chambres fermées, mais travailler dehors, dans les bois et les champs, avoir les délices du soleil, du ciel ouvert, de la terre, d'observer les habitudes des animaux muets ; ne pas se creuser la tête à inventer des plats pour stimuler l'appétit, et ne pas endurer les affres de l'indigestion. Être pauvre, c'est avoir faim trois fois par jour, dormir sans passer des heures en se jetant sur l'oreiller en proie à l'insomnie, avoir des enfants et les avoir toujours avec soi, ne rien faire que l'on ne veuille pas faire (c'est cela essentiel) et de ne pas avoir peur de tout ce qui peut arriver. Le pauvre sera malade et souffrira ; il mourra comme le reste du monde ; mais ses souffrances et sa mort seront probablement moins douloureuses que celles des riches ; et il vivra certainement plus heureux. La pauvreté est une des conditions pour suivre la doctrine de Jésus, une condition indispensable pour entrer dans le royaume de Dieu et être heureux.

L'objection à cela est que personne ne prendra soin de nous et que nous mourrons de faim. A cette objection, nous pouvons répondre par les paroles de Jésus (mots qui ont été interprétés pour justifier l'oisiveté du clergé) :

« N'ayez ni or, ni argent, ni airain dans vos bourses ; ni portefeuille pour votre voyage, ni deux habits, ni souliers, ni bâton : car l'ouvrier est digne de sa nourriture » (Mt. X. 10).

« Et dans quelque maison que vous entrerez,... demeurez dans cette même maison, mangeant et buvant ce qu'ils donnent, car l'ouvrier est digne de son salaire » (Luc X. 5, 7).

L'ouvrier est digne de (ἄ ξιος ἐ στί signifie, mot pour mot, peut et doit avoir) sa nourriture. C'est une phrase très courte, mais celui qui la comprend comme Jésus l'a comprise n'aura plus peur de mourir de faim. Pour comprendre le vrai sens de ces mots, nous devons nous débarrasser de cette idée traditionnelle que nous avons développée à partir de la doctrine de la rédemption, selon laquelle la félicité de l'homme consiste dans l'oisiveté. Il faut revenir à ce point de vue naturel à tous les hommes qui ne sont pas déchus, selon lequel le travail, et non l'oisiveté, est la condition indispensable du bonheur de tout être humain ; cet homme ne peut en effet s'abstenir de travailler. Nous devons nous débarrasser du préjugé sauvage qui nous porte à penser qu'un homme qui a un revenu provenant d'une place sous le gouvernement, de la propriété foncière ou de valeurs mobilières et d'obligations, est dans une position naturelle et heureuse parce qu'il est soulagé du nécessité du travail. Il faut ramener dans le cerveau humain l'idée du travail possédée par les hommes non dégénérés , l'idée qu'a Jésus, lorsqu'il dit que l'ouvrier est digne de sa nourriture. Jésus n'imaginait pas que les hommes considéreraient le travail comme une malédiction, et par conséquent il n'avait pas en tête un homme qui ne travaillerait pas, ou qui désirerait ne pas travailler. Il supposait que tous ses disciples travailleraient, et il dit donc que si un homme travaillait, son travail lui apporterait de la nourriture. Celui qui utilise le travail d'autrui fournira de la nourriture à celui qui travaille, simplement parce qu'il profite de ce travail. Ainsi celui qui travaille aura toujours de la nourriture ; il n'a peut-être pas de propriété, mais quant à la nourriture, il ne doit y avoir aucune incertitude.

En ce qui concerne le travail, il y a une différence entre la doctrine de Jésus et la doctrine du monde. Selon la doctrine du monde, il est très méritoire chez un homme d'être disposé à travailler ; il est ainsi en mesure d'entrer en concurrence avec les autres et d'exiger des salaires proportionnés à ses qualifications. Selon la doctrine de Jésus, le travail est la condition inévitable de la vie humaine, et la nourriture est la conséquence inévitable du travail. Le travail produit de la nourriture et la nourriture produit du travail. Quelque cruel et avide que soit le patron, il nourrira toujours son ouvrier, comme il nourrira toujours son cheval ; il le nourrit pour qu'il obtienne tout le travail possible, et il contribue ainsi au bien-être de l'ouvrier.

" *Car en vérité, le Fils de l'homme n'est pas venu pour être servi, mais pour servir et donner sa vie en rançon pour beaucoup.* "

Selon la doctrine de Jésus, chaque individu sera d'autant plus heureux qu'il comprendra plus clairement que sa vocation consiste, non pas à exiger le service des autres, mais à servir les autres, à donner sa vie pour la rançon de beaucoup. Celui qui fait cela sera digne de sa nourriture et ne manquera pas de l'avoir. Par ces mots : « *n'est pas venu pour être servi, mais pour servir* », Jésus a établi une méthode qui assurerait l'existence matérielle de l'homme ; et par ces mots : « *L'ouvrier est digne de sa nourriture* », il répondit une fois pour toutes à l'objection qu'un homme qui pratiquerait la doctrine de Jésus au milieu de ceux qui ne la pratiquent pas courrait le danger de périr de faim. et froid. Jésus a pratiqué sa propre doctrine au milieu d'une grande opposition, et il n'a pas péri de faim ou de froid. Il a montré qu'un homme n'assure pas sa propre subsistance en amassant des biens matériels aux dépens des autres, mais en se rendant utile et indispensable aux autres. Plus il est nécessaire aux autres, plus son existence sera assurée.

Il y a dans le monde tel qu'il est organisé aujourd'hui des millions d'hommes qui ne possèdent aucune propriété et ne pratiquent pas la doctrine de Jésus en s'occupant des autres, mais ils ne meurent pas de faim. Comment pouvons-nous alors nous opposer à la doctrine de Jésus, selon laquelle ceux qui la pratiquent en travaillant pour les autres périront faute de nourriture ? Les hommes ne peuvent pas mourir de faim pendant que les riches ont du pain. Il y a en Russie des millions d'hommes qui ne possèdent rien et subsistent entièrement de leur propre travail. L'existence d'un chrétien serait aussi sûre parmi les païens que parmi ceux de sa propre foi. Il travaillerait pour les autres ; il leur serait nécessaire, et donc il serait nourri. Même un chien, s'il est utile, est nourri et soigné ; et ne sera-t-il pas nourri et soigné un homme dont le service est nécessaire au monde entier ?

Mais ceux qui cherchent par tous les moyens à justifier la vie personnelle ont une autre objection. On dit que si un homme est malade, même s'il a une femme, des parents et des enfants à sa charge, si cet homme ne peut pas travailler, il ne sera pas nourri. Ils le disent et ils continueront à le dire ; mais leurs propres actions prouvent qu'ils ne croient pas ce qu'ils disent. Ces mêmes personnes, qui n'admettent pas que la doctrine de Jésus soit praticable, la pratiquent elles-mêmes dans une certaine mesure. Ils ne cessent de soigner une brebis malade, un bœuf malade ou un chien malade. On ne tue pas un vieux cheval, mais on lui donne du travail proportionné à sa force. Ils s'occupent de toutes sortes d'animaux sans attendre aucun bénéfice en retour ; et se peut-il qu'ils ne s'occupent pas d'un homme utile tombé malade, qu'ils ne trouvent pas un travail adapté aux forces du vieil homme et de l'enfant, qu'ils ne s'occupent pas même des bébés qui plus tard seront nés. capable de travailler pour eux en retour ? En fait, ils font tout cela. Les neuf dixièmes des hommes sont soignés par l'autre dixième, comme autant de bétail. Et quelle que soit l'obscurité dans laquelle vit ce dixième, quelles que soient leurs opinions erronées à l'égard des neuf autres dixièmes de l'humanité, le dixième, même s'il en avait le pouvoir, ne priverait pas les neuf autres dixièmes de nourriture. Les riches ne priveront pas les pauvres de ce qui leur est nécessaire, parce qu'ils veulent qu'ils se multiplient et qu'ils travaillent, et ainsi, de nos jours, la petite minorité de riches pourvoit directement ou indirectement à la nourriture de la majorité, afin que celle-ci fournisse le maximum d'argent. de travail, se multiplient et font naître une nouvelle réserve de travailleurs. Les fourmis veillent à la croissance et au bien-être de leurs esclaves. Les hommes ne prendront-ils pas soin de ceux dont ils jugent le travail nécessaire ? Les ouvriers sont nécessaires. Et ceux qui profitent du travail veilleront toujours à fournir les moyens de travail à ceux qui sont disposés à travailler.

L'objection concernant la possibilité de pratiquer la doctrine de Jésus, selon laquelle si les hommes n'acquièrent pas quelque chose pour eux-mêmes et n'ont pas de richesses en réserve, personne ne prendra soin de leur famille, est vraie, mais elle n'est vraie qu'en ce qui concerne les choses oisives, inutiles et inutiles. des gens odieux qui constituent la majorité de nos classes opulentes. Personne (à l'exception des parents insensés) ne prend la peine de s'occuper des paresseux, car les paresseux ne sont d'aucune utilité à personne, pas même à eux-mêmes ; quant aux ouvriers, les hommes les plus égoïstes et les plus cruels contribueront à leur bien-être. Les gens élèvent, dressent et soignent les bœufs, et un homme, en tant que bête de somme, est bien plus utile qu'un bœuf, comme le montre le tarif du marché aux esclaves. C'est pourquoi les enfants ne seront jamais laissés sans soutien.

L'homme n'est pas au monde pour travailler pour lui-même ; il est dans le monde pour travailler pour les autres, et l'ouvrier est digne de son salaire. Ces vérités sont justifiées par l'expérience universelle ; or, toujours et partout, l'homme qui travaille reçoit les moyens de subsistance corporelle. Cette subsistance est assurée à celui qui travaille contre son gré ; car un tel ouvrier ne désire que se soulager de la nécessité du travail et acquiert tout ce qu'il peut pour pouvoir ôter le joug de son propre cou et le placer sur le cou d'un autre. Un ouvrier comme celui-ci, envieux, cupide, travaillant contre sa volonté, ne manquera jamais de nourriture et sera plus heureux que celui qui, sans travail, vit du travail des autres. Combien plus heureux sera donc celui qui travaille dans l'obéissance à la doctrine de Jésus dans le but d'accomplir toute l'œuvre dont il est capable et en souhaitant le moins de retour possible ? Combien sa condition sera d'autant plus désirable que, peu à peu, il verra son exemple suivi par d'autres. Pour les services rendus, il recevra alors des services égaux en retour.

La doctrine de Jésus concernant le travail et les fruits du travail est exprimée dans l'histoire des pains et des poissons, où il est montré que l'homme jouit de la plus grande somme de bienfaits accessibles à l'humanité, non pas en s'appropriant tout ce qu'il peut. saisir et utiliser ce qu'il a pour son plaisir personnel, mais en répondant aux besoins des autres, comme Jésus l'a fait aux frontières de la Galilée.

Il y avait plusieurs milliers d'hommes et de femmes à nourrir. Un des disciples dit à Jésus qu'il y avait un garçon qui avait cinq pains et deux poissons. Jésus comprit que certains des gens venant de loin avaient emporté des provisions avec eux et d'autres non, car une fois tous rassasiés, les disciples ramassèrent douze paniers pleins de fragments. (Si personne d'autre que le garçon n'avait apporté quoi que ce soit, comment aurait-il pu en rester autant après que tant de personnes aient été nourries ?) Si Jésus ne leur avait pas donné l'exemple, les gens auraient agi comme les gens du monde agissent maintenant. Certains de ceux qui avaient de la nourriture auraient mangé tout ce qu'ils avaient par gourmandise ou avidité, et certains, après avoir mangé ce qu'ils pouvaient manger, auraient emporté le reste chez eux. Ceux qui n'avaient rien auraient été affamés et auraient regardé leurs compagnons plus chanceux avec envie et haine ; certains d'entre eux auraient peut-être essayé d'arracher de force la nourriture à ceux qui en avaient, et il en serait résulté ainsi la faim, la colère et les querelles. Autrement dit, la multitude aurait agi exactement comme les gens agissent aujourd'hui.

Mais Jésus savait exactement quoi faire. Il demanda que tous s'asseyent, puis ordonna à ses disciples de donner de ce qu'ils avaient à ceux qui n'avaient rien, et de demander aux autres de faire de même. Le résultat fut que ceux qui avaient de la nourriture suivirent l'exemple de Jésus et de ses disciples et offrirent ce qu'ils avaient aux autres. Tout le monde mangea et fut rassasié, et avec les morceaux qui restaient, les disciples remplirent douze paniers.

Jésus enseigne à chaque homme à gouverner sa vie selon la loi de la raison et de la conscience, car la loi de la raison s'applique aussi bien à l'individu qu'à l'humanité dans son ensemble. Le travail est la condition inévitable de la vie humaine, la véritable source du bien-être humain. Pour cette raison, refuser de partager les fruits de son travail avec d'autres est un refus d'accepter les conditions du vrai bonheur. Donner les fruits de son travail aux autres, c'est contribuer au bien-être de tous les hommes. On rétorque que si les hommes n'arrachaient pas la nourriture aux autres, ils mourraient de faim. Il me semble plus raisonnable de dire que si les hommes s'arrachent leur nourriture les uns aux autres, certains d'entre eux mourront de faim, et l'expérience confirme ce point de vue.

Tout homme, qu'il vive selon la doctrine de Jésus ou selon la doctrine du monde, ne vit que de la souffrance et du souci des autres. Dès sa naissance, l'homme est soigné et nourri par les autres. Selon la doctrine du monde, l'homme a le droit d'exiger que les autres continuent à le nourrir et à prendre soin de lui et de sa famille, mais, selon la doctrine de Jésus, il n'a droit aux soins et à la nourriture qu'à la condition que il fait tout ce qu'il peut pour le service des autres et se rend ainsi utile et indispensable à l'humanité. Les hommes qui vivent selon la doctrine du monde sont généralement soucieux de se débarrasser de tous ceux qui sont inutiles et qu'ils sont obligés de nourrir ; à la première occasion possible, ils cessent de nourrir un tel homme et le laissent mourir, à cause de son inutilité ; mais celui qui vit pour les autres selon la doctrine de Jésus, tous les hommes, aussi méchants soient-ils, le nourriront et en prendront toujours soin, afin qu'il puisse continuer à travailler en leur faveur.

Ce qui est donc le plus raisonnable ; qui offre le plus de joie et la plus grande sécurité, une vie selon la doctrine du monde, ou une vie selon la doctrine de Jésus ?

CHAPITRE XI.

LA doctrine de Jésus est d'amener le royaume de Dieu sur terre. La pratique de cette doctrine n'est pas difficile ; et pas seulement, sa pratique est une expression naturelle de la croyance de tous ceux qui reconnaissent sa vérité. La doctrine de Jésus offre la seule chance possible de salut à ceux qui veulent échapper à la perdition qui menace leur vie personnelle. L'accomplissement de cette doctrine non seulement délivrera les hommes des privations et des souffrances de cette vie, mais mettra fin aux neuf dixièmes des souffrances endurées en faveur de la doctrine du monde.

Quand j'ai compris cela, je me suis demandé pourquoi je n'avais jamais pratiqué une doctrine qui me donnerait autant de bonheur, de paix et de joie ; pourquoi, au contraire, avais-je toujours pratiqué une doctrine entièrement différente, et me suis-je ainsi rendu misérable ? Pourquoi? La réponse fut simple. Parce que je n'avais jamais connu la vérité. La vérité m'avait été cachée.

Lorsque la doctrine de Jésus m'a été révélée pour la première fois, je ne croyais pas que cette découverte me conduirait à rejeter la doctrine de l'Église. [22] Je redoutais cette séparation, et au cours de mes études je n'essayais pas de rechercher les erreurs dans la doctrine de l'Église. Je cherchais plutôt à fermer les yeux sur des propositions qui me paraissaient obscures et étranges, pourvu qu'elles ne soient pas en contradiction évidente avec ce que je considérais comme la substance de la doctrine chrétienne.

Mais plus j'avançais dans l'étude des Évangiles et plus la doctrine de Jésus me était révélée clairement, plus ce choix devenait inévitable. Je dois soit accepter la doctrine de Jésus, doctrine raisonnable et simple conforme à ma conscience et à mon espérance de salut ; ou bien je dois accepter une toute autre doctrine, une doctrine opposée à la raison et à la conscience et qui ne m'offrait rien d'autre que la certitude de ma propre perdition et de celle des autres. J'ai donc été contraint de rejeter, les uns après les autres, les dogmes de l'Église. Je l'ai fait contre ma volonté, luttant contre le désir d'atténuer autant que possible mon désaccord avec l'Église, afin de ne pas être obligé de me séparer de l'Église et de me priver ainsi de la communion avec mes frères croyants, le plus grand bonheur que l'on puisse trouver. la religion peut donner. Mais lorsque j'eus accompli ma tâche, je vis que malgré tous mes efforts pour maintenir un lien avec l'Église, la séparation était complète. Je savais auparavant que le lien d'union, s'il existait, devait être très léger, mais je fus bientôt convaincu qu'il n'existait pas du tout.

Mon fils est venu me voir un jour, après que j'avais terminé mon examen des Évangiles, et m'a parlé d'une discussion qui avait lieu entre deux domestiques (personnes incultes qui savaient à peine lire) au sujet d' un passage de quelque livre religieux qui soutenait que ce n'était pas un péché de mettre à mort des criminels ou de tuer des ennemis à la guerre. Je ne pouvais pas croire qu'une affirmation de ce genre puisse être imprimée dans un livre, et j'ai demandé à la voir. Le volume portait le titre : « *Un livre de prières choisies* ; troisième édition ; huitième dix mille ; Moscou : 1879 ». À la page 163 de ce livre, je lis :—

"Quel est le sixième commandement de Dieu ?

"Tu ne tueras.

« Qu'est-ce que Dieu interdit par ce commandement ?

"Il nous interdit de tuer, d'ôter la vie à quiconque.

« Est-ce un péché de punir un criminel de mort selon la loi, ou de tuer un ennemi en temps de guerre ?

"Non, ce n'est pas un péché. Nous ôtons la vie au criminel pour mettre fin au mal qu'il commet ; nous tuons un ennemi à la guerre, car dans la guerre nous combattons pour notre souverain et notre patrie."

Et c'est de cette manière qu'a été ordonnée l'abrogation de la loi de Dieu ! J'avais du mal à croire que j'avais bien lu.

Mon avis a été demandé sur le sujet en cause. A celui qui soutenait que l'instruction donnée par le livre était vraie, j'ai répondu que l'explication n'était pas correcte.

"Pourquoi, alors, impriment-ils de fausses explications contraires à la loi ?" » était sa question, à laquelle je ne pouvais rien répondre.

J'ai gardé le volume et j'ai parcouru son contenu. Le livre contenait trente et une prières avec des instructions concernant les génuflexions et la jonction des doigts ; une explication du *Credo* ; une citation du cinquième chapitre de Matthieu sans aucune explication, mais intitulée « Commandements pour ceux qui veulent posséder les Béatitudes » ; les dix commandements accompagnés de commentaires qui rendaient la plupart nuls ; et des hymnes pour chaque jour de saint.

Comme je l'ai dit, non seulement j'avais cherché à éviter la censure de la religion de l'Église ; J'avais fait de mon mieux pour n'en voir que le côté le plus favorable ; et connaissant sa littérature académique du début à la fin, je n'avais prêté aucune attention à sa littérature populaire. Ce livre de dévotion, diffusé à un très grand nombre d'exemplaires, éveillant le doute dans l'esprit des gens les plus ignorants, m'a fait réfléchir. Le contenu du livre me paraissait si entièrement païen, si totalement en désaccord avec le christianisme, que je ne pouvais pas croire que le but délibéré de l'Église était de propager une telle doctrine. Pour vérifier ma croyance, j'ai acheté et lu tous les livres publiés par le synode avec sa « bénédiction » (*blagoslovnia*), contenant de brefs exposés sur la religion de l'Église à l'usage des enfants et du peuple.

Leur contenu était pour moi presque entièrement nouveau, car au moment où je reçus ma première instruction religieuse, ils n'étaient pas encore parus. Autant que je me souvienne, il n'existait aucun commandement concernant les béatitudes, et aucune doctrine n'enseignait que tuer n'était pas un péché. Aucun enseignement de ce genre n'apparaissait dans les anciens catéchismes ; on ne les trouvait ni dans le catéchisme de Pierre Mogilas , ni dans celui de Beliokof , ni dans les catéchismes catholiques abrégés. L'innovation a été introduite par le métropolite Philaret , qui a préparé un catéchisme tenant dûment compte des susceptibilités de la classe militaire, et à partir de ce catéchisme a été compilé le *Livre des Prières choisies* . L'ouvrage de Philaret s'intitule *Le Catéchisme chrétien de l'Église orthodoxe, à l'usage de tous les chrétiens orthodoxes* , et est publié « par ordre de Sa Majesté Impériale ». [23]

Le livre est divisé en trois parties : « À propos de la foi », « À propos de l'espérance » et « À propos de l'amour ». La première partie contient l'analyse du symbole de la foi telle que donnée par le Concile de Nice. La deuxième partie est composée d'un exposé du *Pater Noster* et des huit premiers versets du cinquième chapitre de Matthieu, qui servent d'introduction au Sermon sur la Montagne, et sont appelés (je ne sais pourquoi) « Commandes pour ceux qui voudraient posséder les Béatitudes. Ces deux premières parties traitent des dogmes de l'Église, des prières et des sacrements, mais elles ne contiennent aucune règle quant à la conduite de la vie. La troisième partie, « Concernant l'amour », contient une exposition des devoirs chrétiens, basés non sur les commandements de Jésus, mais sur les dix commandements de Moïse. Cet exposé des commandements de Moïse semble avoir été fait dans le but particulier d'apprendre aux hommes à ne pas y obéir. Chaque commandement est suivi d'une réserve qui en détruit complètement la force. En ce qui concerne le premier commandement, qui enjoint le culte de Dieu seul, le catéchisme inculque le culte des saints et des anges, sans parler de la Mère de Dieu et des trois personnes de la Trinité (« Catéchisme spécial », pp. 107, 108) . En ce qui concerne le deuxième commandement, contre le culte des idoles, le catéchisme enjoint le culte des images (p. 108). En ce qui concerne le troisième commandement, le catéchisme recommande de prêter serment comme principal gage d'autorité légitime (p. 111). En ce qui concerne le quatrième commandement, concernant l'observance du sabbat, le catéchisme inculque l'observance du dimanche, des treize fêtes principales, d'un certain nombre de fêtes de moindre importance, l'observance du carême et des jeûnes les mercredis et vendredis (pp. 112-115). En ce qui concerne le cinquième commandement : « *Honore ton père et ta mère* », le catéchisme prescrit l'honneur au souverain, à la patrie, aux pères spirituels, à toutes les personnes en position d'autorité, et de ces derniers donne une énumération en trois pages, y compris les autorités collégiales, autorités civiles, judiciaires et militaires, et propriétaires de serfs, avec des instructions sur la manière d'honorer chacune de ces classes (pp. 116-119). Mes citations sont tirées de la soixante-quatrième édition du catéchisme, datée de 1880. Vingt ans se sont écoulés depuis l'abolition du servage, et personne n'a pris la peine de biffer la phrase qui, à propos du commandement de Dieu d'honorer parents, a été introduit dans le catéchisme pour soutenir et justifier l'esclavage.

En ce qui concerne le sixième commandement : « *Tu ne tueras pas* », les instructions du catéchisme sont dès le début en faveur du meurtre.

" *Question.* — Qu'interdit le sixième commandement ?

" *Réponse.* — Il interdit l'homicide involontaire, de donner la vie à son prochain de quelque manière que ce soit.

" *Question.* — Tout homicide involontaire est-il une transgression de la loi ?

" *Réponse.* —L'homicide involontaire n'est pas une transgression de la loi lorsque la vie est enlevée conformément à son mandat. Par exemple :

« 1° Lorsqu'un criminel condamné en justice est puni de mort.

"2d. Quand nous tuons *dans la guerre* pour le souverain et notre pays."

Les italiques sont dans l'original. Plus loin, nous lisons :

" *Question.* — En matière d'homicide involontaire, quand la loi est-elle transgressée ?

" *Réponse.* — Quand quelqu'un cache un meurtrier ou le met en liberté " (*sic*).

Tout cela est imprimé à des centaines de milliers d'exemplaires et, sous le nom de doctrine chrétienne, est enseigné par contrainte à tout Russe, qui est obligé de la recevoir sous peine de châtiment. Cela est enseigné à tout le peuple russe. On l'enseigne aux enfants innocents, aux enfants que Jésus ordonna de lui amener comme appartenant au royaume de Dieu ; aux enfants auxquels il faut ressembler, dans l'ignorance des fausses doctrines, pour entrer dans le royaume de Dieu ; aux enfants que Jésus essayait de protéger en proclamant malheur à celui qui ferait trébucher l'un des petits ! Et les petits enfants sont obligés d'apprendre tout cela, et on leur dit que c'est la loi unique et sacrée de Dieu. Il ne s'agit pas de proclamations clandestines dont les auteurs sont punis de travaux forcés ; ce sont des proclamations qui infligent la peine de servitude pénale à tous ceux qui ne sont pas d'accord avec les doctrines qu'elles inculquent.

En écrivant ces lignes, j'éprouve un sentiment d'insécurité, tout simplement parce que je me suis permis de dire que les hommes ne peuvent annuler la loi fondamentale de Dieu inscrite dans tous les codes et dans tous les cœurs, par des paroles comme celles-ci :

"L'homicide involontaire n'est pas une transgression de la loi lorsque la vie est enlevée conformément à son mandat... lorsque nous tuons dans une guerre pour notre souverain et notre pays."

Je tremble parce que je me suis permis de dire que de telles choses ne devraient pas être enseignées aux enfants.

C'est contre de tels enseignements que Jésus a mis les hommes en garde lorsqu'il a dit :

« Regarde donc si la lumière qui est en toi n'est pas ténèbres. » (Luc xi, 35.)

La lumière qui est en nous est devenue ténèbres ; et les ténèbres de nos vies sont pleines de terreur.

" Malheur à vous, scribes et pharisiens hypocrites ! parce que vous fermez le royaume des cieux aux hommes ; car vous n'entrez pas en vous-mêmes, et vous ne permettez pas à ceux qui veulent y entrer d'y entrer. Malheur à vous, scribes et pharisiens hypocrites ! vous dévorez les maisons des veuves, même si, pour faire semblant, vous faites de longues prières : c'est pourquoi vous recevrez une plus grande condamnation, scribes et pharisiens, hypocrites, car vous parcourez la mer et la terre pour faire un prosélyte ; , vous en faites un fils de l'enfer deux fois plus que vous-mêmes. Malheur à vous, guides aveugles....

" Malheur à vous, scribes et pharisiens hypocrites ! car vous bâtissez les sépulcres des prophètes et décorez les tombeaux des justes, et dites : Si nous avions été du temps de nos pères, la glace n'aurait pas eu part avec eux. dans le sang des prophètes. C'est pourquoi vous témoignez vous-mêmes que vous êtes les fils de ceux qui ont tué les prophètes. Remplissez donc la mesure de vos pères.... Je vous envoie des prophètes et des sages, et scribes : vous tuerez et crucifierez certains d'entre eux ; vous fouetterez certains d'entre eux dans vos synagogues et vous les persécuterez de ville en ville, afin que retombe sur vous tout le sang juste versé sur la terre, du sang d'Abel. ..

" Tout péché et tout blasphème sera pardonné aux hommes ; mais le blasphème contre l'Esprit ne sera pas pardonné. "

En vérité, nous pourrions dire que tout cela n'a été écrit qu'hier, non pas contre des hommes qui ne parcourent plus mer et terre pour blasphémer contre l'Esprit, ou pour convertir les hommes à une religion qui rend ses prosélytes pires qu'ils ne l'étaient auparavant, mais contre des hommes. qui forcent délibérément les gens à embrasser leur religion, et persécutent et font mourir tous les prophètes et les justes qui cherchent à révéler leurs mensonges à l'humanité. J'ai acquis la conviction que la doctrine de l'Église, bien que portant le nom de « chrétien », ne fait qu'un avec les ténèbres contre lesquelles Jésus luttait et contre lesquelles il ordonnait à ses disciples de lutter.

La doctrine de Jésus, comme toutes les doctrines religieuses, est considérée de deux manières : premièrement, comme un système moral et éthique qui enseigne aux hommes comment ils doivent vivre en tant qu'individus et les uns par rapport aux autres ; deuxièmement, comme théorie métaphysique expliquant pourquoi les hommes devraient vivre d'une manière donnée et pas autrement. L'un nécessite l'autre. L'homme devrait vivre de cette manière parce que telle est sa destinée ; ou bien, la destinée de l'homme est ainsi, et par conséquent il doit la suivre. Ces deux modes d'expression doctrinale sont communs à toutes les religions du monde, à la religion des brahmanes, à celle de Confucius, à celle de Bouddha, à celle de Moïse et à celle du Christ. Mais, à l'égard de la doctrine de Jésus, comme à l'égard de toutes les autres doctrines, les hommes s'éloignent de ses préceptes, et ils trouvent toujours quelqu'un pour justifier leurs déviations. Ceux qui, comme le dit Jésus, occupent la place de Moïse expliquent la théorie métaphysique de telle manière que les prescriptions éthiques de la doctrine cessent d'être considérées comme obligatoires et sont remplacées par des formes extérieures de culte, par des cérémoniaux. C'est une condition commune à toutes les religions, mais il me semble qu'elle ne s'est jamais manifestée avec autant de faste qu'à propos du christianisme, et pour deux raisons : premièrement, parce que la doctrine de Jésus est la plus élevée des toutes les doctrines (la plus élevée parce que les parties métaphysique et éthique sont si étroitement liées que l'une ne peut être séparée de l'autre sans détruire la vitalité de l'ensemble) ; deuxièmement, parce que la doctrine de Jésus est en elle-même une protestation contre toutes les formes, une négation non seulement du cérémonial juif, mais de tous les rites extérieurs du culte. Par conséquent, la séparation arbitraire des aspects métaphysiques et éthiques du christianisme défigure entièrement la doctrine et la prive de toute sorte de sens. La séparation commença avec la prédication de Paul, qui ne connaissait qu'imparfaitement la doctrine éthique exposée dans l'Évangile de Matthieu, et qui prêchait une théorie métaphysique et cabalistique entièrement étrangère à la doctrine de Jésus ; et cette théorie fut perfectionnée sous Constantin, lorsque l'organisation sociale païenne existante fut proclamée chrétienne simplement en la recouvrant du manteau du christianisme. Après Constantin, cet archi-païen que l'Église, malgré tous ses crimes et ses vices, admet dans la catégorie des saints, après Constantin commença la domination des conciles, et le centre de gravité du christianisme fut définitivement déplacé jusqu'à ce que seule la métaphysique une partie a été laissée en vue. Et cette théorie métaphysique, avec le cérémonial qui l'accompagne, s'écarta de plus en plus de son sens vrai et primitif, jusqu'à atteindre son stade actuel de développement, en tant que doctrine qui explique les mystères d'une vie céleste au-delà de la compréhension de la raison humaine et, avec toutes ses formules compliquées, ne donne aucune directive religieuse en ce qui concerne la réglementation de cette vie terrestre.

Toutes les religions, à l'exception de la religion de l'Église chrétienne, exigent de leurs fidèles, en dehors des formes et des cérémonies, la pratique de certaines actions dites bonnes, et l'abstinence de certaines actions dites mauvaises. La religion juive prescrivait la circoncision, l'observance du sabbat, l'aumône, la fête de la Pâque. Le mahométanisme prescrit la circoncision, la prière cinq fois par jour, la distribution de la dîme aux pauvres, le pèlerinage au tombeau du Prophète et bien d'autres choses encore. C'est la même chose avec toutes les autres religions. Que ces prescriptions soient bonnes ou mauvaises, ce sont des prescriptions qui exigent l'accomplissement de certaines actions. Le pseudo-christianisme à lui seul ne prescrit rien. Il n'y a rien qu'un chrétien soit obligé d'observer, à l'exception du jeûne et des prières, que l'Église elle-même ne reconnaît pas comme obligatoires. Tout ce qui est nécessaire au pseudo-chrétien, c'est le sacrement. Mais le sacrement n'est pas accompli par le croyant ; il lui est administré par d'autres. Le pseudo-chrétien est obligé de ne rien faire ou de s'abstenir de rien pour son propre salut, puisque l'Église lui administre tout ce dont il a besoin. L'Église le baptise, l'oint, lui donne l' eucharistie , le confesse, même après qu'il a perdu connaissance, lui administre l'extrême-onction et prie pour lui, — et il est sauvé. Depuis l'époque de Constantin, l'Église chrétienne n'a prescrit aucun devoir religieux à ses fidèles. Il n'a jamais exigé qu'ils s'abstiennent de quoi que ce soit. L'Église chrétienne a reconnu et sanctionné le divorce, l'esclavage, les tribunaux, tous les pouvoirs terrestres, la peine de mort et la guerre ; elle n'a exigé rien d'autre qu'une renonciation au dessein de faire le mal à l'occasion du baptême, et cela seulement à ses débuts : plus tard, lorsque le baptême des enfants a été introduit, même cette exigence n'a plus été observée.

L'Église confesse la doctrine de Jésus en théorie, mais la nie en pratique. Au lieu de guider la vie du monde, l'Église, par affection pour le monde, expose la doctrine métaphysique de Jésus de manière à n'en tirer aucune obligation quant à la conduite de la vie, aucune nécessité pour les hommes de vivre différemment. de la manière dont ils ont vécu. L'Église s'est livrée au monde et suit simplement les traces de son vainqueur. Le monde fait ce qu'il veut et laisse à l'Église le soin de justifier ses actions par des explications sur le sens de la vie. Le monde organise une existence en opposition absolue avec la doctrine de Jésus, et l'Église s'efforce de démontrer que les hommes qui vivent contrairement à la doctrine de Jésus vivent réellement conformément à cette doctrine. Le résultat final est que le monde vit une existence pire que païenne, et l'Église non seulement approuve, mais maintient que cette existence est en parfaite conformité avec la doctrine de Jésus.

Mais un moment vient où la lumière de la vraie doctrine de Jésus resplendit des Évangiles, malgré les efforts coupables de l'Église pour la cacher aux yeux des hommes, comme, par exemple, en interdisant la traduction de la Bible ;

il arrive un moment où la lumière atteint les gens, même par l'intermédiaire des sectaires et des libres penseurs, et la fausseté de la doctrine de l'Église se montre si clairement que les hommes commencent à transformer la méthode de vie que l'Église a justifiée.

Ainsi les hommes, de leur propre gré, et contre la sanction de l'Église, ont aboli l'esclavage, aboli le droit divin des empereurs et des papes, et s'apprêtent maintenant à abolir la propriété et l'État. Et l' Église ne peut interdire une telle action car l'abolition de ces iniquités est conforme à la doctrine chrétienne, que l'Église prêche après avoir falsifiée.

Et de cette manière, la conduite de la vie humaine est libérée du contrôle de l'Église et soumise à une autorité entièrement différente. L'Église conserve ses dogmes, mais que valent ses dogmes ? Une explication métaphysique ne peut être utile que lorsqu'elle sert à manifester une doctrine de la vie. Mais l'Église ne possède que l'explication d'une organisation qu'elle sanctionnait autrefois et qui n'existe plus. L'Église n'a plus que des temples, des sanctuaires, des canoniques, des vêtements et des paroles.

Depuis dix-huit siècles, l'Église a caché la lumière du christianisme derrière ses formes et ses cérémoniaux, et par cette même lumière elle est honteuse. Le monde, avec une organisation sanctionnée par l'Église, a rejeté l'Église au nom des principes mêmes du christianisme qu'elle a professés. La séparation entre les deux est complète et ne peut être cachée. Tout ce qui vit véritablement dans le monde européen d'aujourd'hui (tout ce qui n'est pas froid et muet dans un isolement haineux), tout ce qui vit est détaché de l'Église, de toutes les Églises et a une existence indépendante de l'Église. Il ne faut pas dire que cela ne s'applique qu'aux civilisations déchues de l'Europe occidentale. La Russie, avec ses millions de rationalistes chrétiens, civilisés et non civilisés, qui ont rejeté la doctrine de l'Église, prouve incontestablement qu'en ce qui concerne l'émancipation du joug de l'Église, elle est, grâce à Dieu, dans un état de décadence pire que le Le reste de l'Europe.

Tout ce qui vit est indépendant de l'Église. Le pouvoir de l'État repose sur la tradition, sur la science, sur le suffrage populaire, sur la force brutale, sur tout sauf sur l'Église. Les guerres, les relations d'État à État, sont régies par les principes de nationalité, d'équilibre des pouvoirs, mais pas par l'Église. Les institutions établies par l'État ignorent ouvertement l'Église. L'idée que l'Église puisse, à notre époque, servir de base à la justice ou à la conservation de la propriété est tout simplement absurde. Non seulement la science ne soutient pas la doctrine de l'Église, mais elle est, dans son développement, entièrement hostile à l'Église. L'art, autrefois entièrement consacré au service de l'Église, a complètement abandonné l'Église. C'est peu de dire que la vie humaine est désormais entièrement émancipée de l'Église ; elle n'a plus, à l'égard de l'Église, que du mépris lorsque l'Église ne se mêle pas des affaires humaines, et de la haine lorsque l'Église cherche à réaffirmer ses anciens privilèges. L'Église est encore autorisée à exister formellement simplement parce que les hommes craignent de briser le calice qui contenait autrefois l'eau de la vie. C'est seulement ainsi que nous pouvons rendre compte, à notre époque, de l'existence du catholicisme, de l'orthodoxie et des différentes églises protestantes.

Toutes ces églises, catholiques, orthodoxes, protestantes, sont comme autant de sentinelles qui veillent toujours attentivement devant les portes des prisons, alors que les prisonniers sont depuis longtemps en liberté sous leurs yeux et menacent même leur existence. Tout ce qui constitue réellement la vie, c'est-à-dire l'activité de l'humanité en faveur du progrès et de son propre bien-être, le socialisme, le communisme, les nouvelles théories politico-économiques , l'utilitarisme, la liberté et l'égalité de toutes les classes sociales, des hommes et des femmes, tout le reste. les principes moraux de l'humanité, le caractère sacré du travail, de la raison, de la science, de l'art, tout cela qui donne une impulsion au progrès du monde en hostilité envers l'Église, ne sont que des fragments de la doctrine que l'Église a professée et qu'elle s'est si soigneusement efforcée de cacher. . À notre époque, la vie du monde est entièrement indépendante de la doctrine de l'Église. L'Église est tellement en retard que les hommes n'entendent plus la voix de ceux qui prêchent ses doctrines. Cela se comprend facilement parce que l'Église s'accroche encore à une organisation de la vie du monde qui a été abandonnée et qui tombe rapidement vers la destruction.

Imaginez un certain nombre d'hommes ramant sur un bateau, un pilote dirigeant. Les hommes comptent sur le pilote, et le pilote barre bien ; mais au bout d'un certain temps, le bon pilote est remplacé par un autre qui ne dirige pas du tout. Le bateau avance rapidement et facilement. Au début, les hommes ne remarquent pas la négligence du nouveau pilote ; ils sont seulement heureux de constater que le bateau avance si facilement. Puis ils découvrent que le nouveau pilote est totalement inutile, se moquent de lui et le chassent de chez lui.

L'affaire ne serait pas si grave si les hommes, en écartant le pilote malhabile , n'oubliaient pas que sans pilote, ils risquent de prendre une mauvaise route. Mais il en va de même pour notre société chrétienne. L'Église a perdu le contrôle ; nous avançons doucement et nous sommes bien loin de notre point de départ. La science, fierté particulière de ce XIXe siècle, s'alarme parfois ; mais c'est à cause de l'absence de pilote. Nous avançons, mais vers quel objectif ? Nous organisons notre vie sans savoir du tout pourquoi ni dans quel but. Mais on ne peut plus se contenter de vivre sans savoir pourquoi, pas plus que l'on ne peut naviguer sur un bateau sans connaître la route que l'on suit.

Si les hommes ne pouvaient rien faire par eux-mêmes, s'ils n'étaient pas responsables de leur condition, ils pourraient très raisonnablement répondre à la question : « Pourquoi êtes-vous dans cette situation ? » – « Nous ne savons pas ; mais nous voilà et nous nous soumettons. " Mais les hommes sont les bâtisseurs de leur propre destinée, et plus particulièrement de celle de leurs enfants ; et ainsi lorsque nous demandons : « Pourquoi rassemblez-vous des millions de soldats, et pourquoi faites-vous de vous-mêmes des soldats, pour vous mutiler et vous entretuer ? Pourquoi avez-vous dépensé, et pourquoi dépensez-vous encore, une énorme somme d'énergie humaine ? dans la construction de villes inutiles et insalubres ? Pourquoi organisez-vous des tribunaux ridicules, et envoyez-vous de France à Cayenne, de Russie en Sibérie, d'Angleterre en Australie, des gens que vous considérez comme des criminels, quand vous savez la folie désespérée ? Vous abandonnez l'agriculture, que vous aimez, pour le travail dans les usines et les moulins, que vous méprisez. Pourquoi éduquez-vous vos enfants d'une manière qui les oblige à mener une existence que vous trouvez sans valeur ? Pourquoi faites-vous cela ? A toutes ces questions les hommes se sentent obligés de répondre.

Si cette existence était agréable et que les hommes y prenaient plaisir, même alors les hommes chercheraient à expliquer pourquoi ils continuent à vivre dans de telles conditions. Mais toutes ces choses sont terriblement difficiles ; ils sont endurés avec des murmures et des luttes douloureuses, et les hommes ne peuvent s'empêcher de réfléchir au motif qui les pousse à une telle voie. Ils doivent cesser de maintenir l'organisation acceptée de l'existence, ou bien expliquer pourquoi ils la soutiennent. C'est pourquoi les hommes n'ont jamais laissé cette question sans réponse. Nous trouvons à toutes les époques des tentatives de réponse. Le Juif vivait comme il vivait, c'est-à-dire faisait la guerre, mettait à mort les criminels, construisait le Temple, organisait toute son existence d'une manière et non d'une autre, car, comme il en était convaincu, il suivait ainsi les lois que Dieu lui-même avait promulguées. . Nous pouvons dire la même chose des Hindous, des Chinois, des Romains et des Musulmans. Une réponse similaire a été donnée par les chrétiens il y a un siècle et est donnée aujourd'hui par la grande masse des chrétiens.

Il y a un siècle, et parmi les ignorants aujourd'hui, le chrétien de nom répond : « Le service militaire obligatoire, les guerres, les tribunaux et la peine de mort, tout cela existe en obéissance à la loi de Dieu qui nous est transmise par l'Église. monde déchu. Tout le mal qui existe existe par la volonté de Dieu, comme punition pour les péchés des hommes. C'est pour cette raison que nous ne pouvons rien faire pour pallier le mal. Nous ne pouvons sauver nos propres âmes que par la foi, par les sacrements, par les prières. , et par soumission à la volonté de Dieu telle que transmise par l'Église. L'Église nous enseigne que tous les chrétiens doivent obéir sans hésitation à leurs dirigeants, qui sont les oints du Seigneur, et obéir également aux personnes placées en autorité par les dirigeants pour qu'ils défendent leurs intérêts ; la propriété et celle d'autrui par la force, faites la guerre, infligez la peine de mort et soumettez-vous en toutes choses aux autorités qui commandent par la volonté de Dieu.

Quoi qu'on puisse penser du caractère raisonnable de ces explications, elles suffisaient autrefois à un chrétien croyant, comme des explications similaires satisfaisaient un juif ou un mahométan, et les hommes n'étaient pas obligés de renoncer à toute raison de vivre selon une loi qu'ils reconnaissaient comme divine. Mais à notre époque, seuls les gens les plus ignorants ont foi en de telles explications, et le nombre de celles-ci diminue chaque jour et chaque heure. Il est impossible de freiner cette tendance. Les hommes suivent irrésistiblement ceux qui ouvrent la voie et doivent tôt ou tard passer sur le même terrain que l'avant-garde. L'avant-garde se trouve désormais dans une position critique ; ceux qui la composent organisent la vie à leur convenance, préparent les mêmes conditions à ceux qui doivent la suivre, et n'ont absolument aucune idée de pourquoi ils le font. Aucun homme civilisé à l'avant-garde du progrès n'est en mesure de répondre aujourd'hui aux questions directes : « Pourquoi menez-vous la vie que vous menez ? Pourquoi établissez-vous les conditions que vous établissez ? J'ai posé ces questions à des centaines de personnes et je n'ai jamais obtenu de réponse directe de leur part. Au lieu d'une réponse directe à la question directe, j'ai reçu en retour une réponse à une question que je n'avais pas posée.

Lorsque nous demandons à un croyant catholique, protestant ou orthodoxe pourquoi il mène une existence contraire à la doctrine de Jésus, au lieu de répondre directement, il commence à parler de l'état mélancolique de scepticisme caractéristique de cette génération, de personnes mal intentionnées. qui ont semé le doute parmi les masses, sur l'importance de l'avenir de l'Église existante. Mais il ne vous dira pas pourquoi il n'agit pas conformément aux commandements de la religion qu'il professe. Au lieu de parler de sa propre condition, il vous parlera de la condition de l'humanité en général et de celle de l'Église, comme si sa propre vie n'avait pas la moindre importance et que ses seules préoccupations étaient le salut de l'humanité. et de ce qu'il appelle l'Église.

Un philosophe de quelque école qu'il soit, qu'il soit idéaliste ou spiritualiste, pessimiste ou positiviste, si on lui demande pourquoi il vit comme il vit, c'est-à-dire en désaccord avec sa doctrine philosophique, commencera tout de suite par parler du progrès de l'humanité et de la loi historique de ce progrès qu'il a découverte et en vertu de laquelle l'humanité gravite vers la droiture. Mais il ne répondra jamais directement à la question de savoir pourquoi lui-même, pour son propre compte, ne vit pas en harmonie avec ce qu'il reconnaît comme les préceptes de la raison. Il semblerait que le philosophe soit aussi préoccupé que le croyant, non pas de sa vie personnelle, mais de l'observation de l'effet des lois générales sur le développement de l'humanité.

L'homme « moyen » (c'est-à-dire l'un des membres de l'immense majorité des gens civilisés, moitié sceptiques et moitié croyants, et qui tous, sans exception, déplorent l'existence, condamnent son organisation et prédisent une destruction universelle), — l'homme moyen, quand on lui demande pourquoi il continue à mener une vie qu'il condamne, sans faire aucun effort pour l'améliorer, il ne répond pas directement, mais commence aussitôt à parler des choses en général, de la justice, de l'État, du commerce, de civilisation. S'il est policier ou procureur, il demande : « Et que deviendrait l'État si, pour améliorer mon existence, je cessais de le servir ? « Que deviendrait le commerce ? est sa demande s'il est marchand ; « Qu'en est-il de la civilisation, si je cesse de travailler pour elle et ne cherche qu'à améliorer ma propre condition ? sera l'objection d'un autre. Sa réponse sera toujours sous cette forme, comme si le devoir de sa vie n'était pas de rechercher le bien conforme à sa nature, mais de servir l'État, ou le commerce, ou la civilisation.

L'homme moyen répond de la même manière que le croyant ou le philosophe. Au lieu de poser la question comme personnelle, il glisse d'emblée vers des généralités. Ce subterfuge est utilisé simplement parce que le croyant, le philosophe et l'homme moyen n'ont aucune doctrine positive concernant l'existence et ne peuvent donc pas répondre à la question personnelle : « Qu'en est-il de votre propre vie ? Ils sont dégoûtés et humiliés de ne pas posséder la moindre trace de doctrine sur la vie, car personne ne peut vivre en paix sans comprendre ce que signifie réellement la vie. Mais aujourd'hui, seuls les chrétiens s'accrochent à un credo fantaisiste et éculé pour expliquer pourquoi la vie est telle qu'elle est et n'est pas autrement. Seuls les chrétiens donnent le nom de religion à un système qui ne sert à personne . Ce n'est que parmi les chrétiens que la vie est séparée de toute doctrine et laissée sans aucune définition. D'ailleurs, la science, comme la tradition, a formulé à partir de la condition fortuite et anormale de l'humanité une loi générale. Des savants, comme Tiele et Spencer, prennent la religion au sérieux, entendant par religion la doctrine métaphysique du principe universel, sans se douter qu'ils ont perdu de vue la religion dans son ensemble en limitant entièrement leur attention à l'une de ses phases.

De tout cela nous obtenons des résultats très extraordinaires. Nous voyons des hommes savants et intelligents croire naïvement qu'ils sont émancipés de toute religion simplement parce qu'ils rejettent l'explication métaphysique du principe universel qui satisfaisait une génération précédente. Il ne leur vient pas à l'esprit que les hommes ne peuvent pas vivre sans une certaine théorie de l'existence ; que tout être humain vit selon un certain principe, et que ce principe par lequel il gouverne sa vie est sa religion. Les gens dont nous parlons sont persuadés qu'ils ont des convictions raisonnables, mais qu'ils n'ont pas de religion. Cependant, si graves que soient leurs affirmations, ils ont une religion du moment qu'ils entreprennent de gouverner leurs actions par la raison, car un acte raisonnable est déterminé par une sorte de foi. Maintenant, leur foi réside dans ce qu'on leur dit de faire. La foi de ceux qui nient la religion est une religion d'obéissance à la volonté de la majorité dirigeante ; en un mot, la soumission à l'autorité établie.

Nous pouvons vivre une vie purement animale selon la doctrine du monde, sans reconnaître aucun motif de contrôle plus contraignant que les règles de l'autorité établie. Mais celui qui vit de cette façon ne peut affirmer qu'il mène une vie raisonnable. Avant d'affirmer que nous vivons une vie raisonnable, nous devons déterminer quelle est la doctrine de la vie que nous considérons comme raisonnable. Hélas! Misérables hommes que nous sommes, nous ne possédons pas l'apparence d'une telle doctrine, et plus encore, nous avons perdu toute perception de la nécessité d'une doctrine raisonnable de la vie.

Demandez aux croyants ou aux sceptiques de cette époque quelle doctrine de vie ils suivent. Ils seront obligés d'avouer qu'ils ne suivent qu'une seule doctrine, la doctrine fondée sur des lois formulées par le pouvoir judiciaire ou par les assemblées législatives et appliquées par la police, doctrine préférée de la plupart des Européens. Ils savent que cette doctrine ne vient pas d'en haut, ni des prophètes, ni des sages ; ils critiquent continuellement les lois élaborées par le pouvoir judiciaire ou formulées par les assemblées législatives, mais ils se soumettent néanmoins à la police chargée de les faire respecter. Ils se soumettent sans murmurer aux exactions les plus terribles. Les commis employés par la justice ou les assemblées législatives décrètent par statut que tout jeune homme doit être prêt à prendre les armes, à tuer les autres et à mourir lui-même, et que tous les parents qui ont des fils adultes doivent favoriser l'obéissance à cette loi qui a été rédigé hier par un fonctionnaire mercenaire, et pourra être révoqué demain.

Nous avons perdu de vue l'idée qu'une loi peut être en elle-même raisonnable et s'imposer à chacun dans l'esprit comme dans la lettre. Les Hébreux possédaient une loi qui réglementait la vie, non par l'obéissance forcée à ses exigences, mais en faisant appel à la conscience de chaque individu ; et l'existence de cette loi est considérée comme un attribut exceptionnel du peuple hébreu. Le fait que les Hébreux aient été disposés à obéir uniquement à ce qu'ils reconnaissaient par perception spirituelle comme la vérité incontestable venant directement de Dieu est considéré comme un trait national remarquable. Mais il semble que l'état naturel et normal des hommes civilisés est d'obéir à ce qui, à leur connaissance, est décrété par des fonctionnaires méprisables et imposé par la coopération de la police armée.

Le trait distinctif de l'homme civilisé est d'obéir à ce que la majorité des hommes considère comme inique, contraire à sa conscience. Je cherche en vain dans la société civilisée telle qu'elle existe aujourd'hui des bases morales de vie clairement formulées. Il n'y en a pas. Aucune perception de leur nécessité n'existe. Au contraire, nous trouvons l'extraordinaire conviction qu'ils sont superflus ; que la religion n'est que quelques mots sur Dieu et une vie future, et quelques cérémonies très utiles au salut de l'âme selon les uns, et bonnes à rien selon les autres ; mais que la vie se fait d'elle-même et n'a besoin d'aucune règle fondamentale, et que nous n'avons qu'à faire ce qu'on nous dit de faire.

Les deux sources substantielles de la foi, la doctrine qui gouverne la vie et l'explication du sens de la vie, sont considérées comme de valeur très inégale. Le premier est considéré comme de très peu d'importance et comme n'ayant aucun rapport avec la foi ; la seconde, en tant qu'explication d'un état d'existence révolu, ou constituée de spéculations concernant le développement historique de la vie, est considérée comme d'une grande importance. Quant à tout ce qui constitue la vie de l'homme exprimée en action, les membres de notre société moderne s'appuient volontiers sur des gens qui, comme eux, ne savent pas pourquoi ils incitent leurs semblables à vivre d'une manière et pas d'une autre. Cette disposition reste valable, qu'il s'agisse de décider s'il faut tuer ou ne pas tuer, juger ou ne pas juger, élever les enfants de telle ou telle manière. Et les hommes considèrent une telle existence comme raisonnable et n'éprouvent aucun sentiment de honte !

Les explications de l'Église qui se font passer pour la foi, et la vraie foi de notre génération, qui est dans l'obéissance aux lois sociales et aux lois de l'État, ont atteint un stade d'antagonisme aigu. La majorité des gens civilisés n'ont pour réglementer leur vie que la foi dans la police. Cette condition serait insupportable si elle était universelle. Heureusement, il existe un reste, composé des esprits les plus nobles de l'époque, qui ne se contentent pas de cette religion, mais qui ont une foi entièrement différente quant à ce que devrait être la vie de l'homme. Ces hommes sont considérés comme les plus malveillants, les plus dangereux et généralement les plus incrédules de tous les êtres humains, et pourtant ils sont les seuls hommes de notre temps à croire à la doctrine évangélique, sinon dans son ensemble, du moins dans sa totalité. partie. Ces gens, en général, connaissent peu la doctrine de Jésus ; ils ne le comprennent pas et, comme leurs adversaires, ils refusent d'accepter le principe directeur de la religion de Jésus, qui est de ne pas résister au mal ; souvent ils n'ont qu'une haine pour le nom de Jésus ; mais toute leur foi quant à ce que devrait être la vie est inconsciemment basée sur les vérités humaines et éternelles contenues dans la doctrine chrétienne. Ce reste, malgré la calomnie et la persécution, est le seul à ne pas se soumettre docilement aux ordres du premier venu. C'est pourquoi ils sont les seuls aujourd'hui à vivre une vie raisonnable et non animale, les seuls à avoir la foi.

Le lien entre le monde et l'Église, bien que soigneusement entretenu par l'Église, s'atténue de plus en plus. Aujourd'hui, ce n'est guère plus qu'un obstacle. L'union entre l'Église et le monde n'a plus aucune justification. Le mystérieux processus de maturation se déroule sous nos yeux. Le lien de connexion sera bientôt rompu et l'organisme social vital commencera à exercer ses fonctions en tant qu'existence totalement indépendante. La doctrine de l'Église, avec ses dogmes, ses conciles et sa hiérarchie, est manifestement unie à la doctrine de Jésus. Le lien qui les relie est aussi perceptible que le cordon qui lie l'enfant nouveau-né à sa mère ; mais de même que le cordon ombilical et le placenta deviennent, après l'accouchement, des morceaux de chair inutiles, soigneusement enterrés par respect pour ce qu'ils nourrissaient autrefois, de même l'Église est devenue un organisme inutile, qui doit être conservé, voire pas du tout, dans quelque musée d'histoire. curiosités par respect pour ce qu'elle a été autrefois. Dès que la respiration et la circulation sont établies, l'ancienne source de nutrition devient un obstacle à la vie. Il serait vain et insensé de tenter de conserver le lien et de forcer l'enfant né à recevoir sa nourriture par un processus prénatal. Mais la délivrance de l'enfant du lien maternel ne lui assure pas la vie. La vie du nouveau-né dépend d'un autre lien d'union qui s'établit entre lui et sa mère pour que sa nourriture puisse être maintenue.

Et il doit en être de même pour notre monde chrétien d'aujourd'hui. La doctrine de Jésus a mis le monde en lumière. L'Église, l'un des organes de la doctrine de Jésus, a rempli sa mission et est désormais inutile. Le monde ne peut pas être lié à l'Église ; mais la délivrance du monde de l'Église ne garantira pas la vie. La vie commencera lorsque le monde percevra sa propre faiblesse et la nécessité d'une autre source de force. Le monde chrétien ressent cette nécessité : il proclame son impuissance, il sent l'impossibilité de dépendre de ses anciens moyens de nourriture, l'insuffisance de toute autre forme de nourriture que celle de la doctrine par laquelle elle a été engendrée. Notre monde européen moderne, apparemment si sûr de lui, si audacieux, si décidé et en proie intérieurement à la terreur et au désespoir, est exactement dans la situation d'un animal qui vient de naître : il se tord, il crie à haute voix, il est perplexe. , il ne sait que faire ; il sent que son ancienne source de nourriture lui est retirée, mais il ne sait où en chercher une autre. Un agneau nouveau-né secoue la tête, ouvre les yeux, regarde autour de lui, saute et bondit, et nous ferait croire, par ses mouvements apparemment intelligents, qu'il a déjà maîtrisé le secret de la vie ; mais de cela, la pauvre petite créature n'en sait rien. L'impétuosité et l'énergie qu'il déploie lui sont venues de sa mère à travers un moyen de transmission qui vient d'être rompu et ne sera plus jamais renouvelé. La situation du nouveau venu est à la fois pleine de bonheur et pleine de périls. Il est animé de jeunesse et de force, mais il est perdu s'il ne peut se prévaloir de la seule nourriture que lui donne sa mère.

Il en va de même pour notre monde européen. Quelles activités complexes, quelle énergie, quelle intelligence possède-t-il apparemment ! Il semblerait que tous ses actes soient régis par la raison. Avec quel enthousiasme, quelle vigueur, quelle jeunesse les habitants de ce monde moderne manifestent leur vitalité débordante ! Les arts et les sciences, les diverses industries, les détails politiques et administratifs, tout est plein de vie. Mais cette vie est due à l'inspiration reçue à travers le lien qui la relie à sa source. L'Église, en transmettant la vérité de la doctrine de Jésus, a communiqué la vie au monde. Grâce à cette nourriture, le monde a grandi et s'est développé. Mais l'Église a fait son temps et est désormais superflue.

Le monde possède un organisme vivant ; le moyen par lequel il recevait autrefois sa nourriture s'est desséché, et il n'en a pas encore trouvé un autre ; et il cherche partout, partout sauf à la véritable source de la vie. Il possède encore l'animation dérivée de la nourriture déjà reçue, et il ne comprend pas encore que sa nourriture future ne peut être obtenue que d'une seule source et par ses propres efforts. Le monde doit maintenant comprendre que la période de gestation est terminée et qu'un nouveau processus de nutrition consciente doit désormais maintenir sa vie. La vérité de la doctrine de Jésus, autrefois inconsciemment absorbée par l'humanité à travers l'organisme de l'Église, doit maintenant être consciemment reconnue ; car c'est dans la vérité de cette doctrine que l'humanité a toujours puisé sa force vitale. Les hommes doivent relever le flambeau de la vérité, qui est resté si longtemps caché, et le porter devant eux, guidant leurs actions par sa lumière.

La doctrine de Jésus, en tant que religion qui régit les actions des hommes et leur explique le sens de la vie, est aujourd'hui présentée au monde comme elle l'était il y a dix-huit cents ans. Autrefois, le monde avait les explications de l'Église qui, en cachant la doctrine, semblaient offrir en elles-mêmes une interprétation satisfaisante de la vie ; mais maintenant le temps est venu où l'Église a perdu son utilité, et le monde, n'ayant aucun autre moyen de soutenir sa véritable existence, ne peut que ressentir son impuissance et demander de l'aide directement à la doctrine de Jésus.

Or, Jésus a d'abord enseigné aux hommes à croire en la lumière et que la lumière est en eux-mêmes. Jésus a enseigné aux hommes à élever la lumière de la raison. Il leur a appris à vivre en guidant leurs actions selon cette lumière et à ne rien faire contrairement à la raison. Il n'est pas raisonnable, c'est insensé de sortir pour tuer des Turcs ou des Allemands ; il n'est pas raisonnable d'utiliser le travail d'autrui pour que vous et les vôtres puissiez être habillés à la pointe de la mode et entretenir cette source mortelle d'ennui qu'est un salon ; il n'est pas raisonnable de prendre des gens déjà corrompus par l'oisiveté et la dépravation et de les enfermer dans les murs d'une prison, et de les vouer ainsi à une existence d'oisiveté et de privation absolues ; il n'est pas raisonnable de vivre dans l'air pestilentiel des villes quand une atmosphère plus pure est à votre portée ; il n'est pas raisonnable de fonder l'éducation de vos enfants sur les lois grammaticales de langues mortes ; — tout cela est déraisonnable, et pourtant c'est aujourd'hui la vie du monde européen, qui vit une vie sans sens ; qui agit, mais agit sans but, n'ayant aucune confiance dans la raison et existant en opposition à ses décrets.

La doctrine de Jésus est la lumière. La lumière brille et les ténèbres ne peuvent la cacher. Les hommes ne peuvent pas le nier, ils ne peuvent pas refuser d'accepter sa direction. Ils doivent s'appuyer sur la doctrine de Jésus, qui pénètre parmi toutes les erreurs dont la vie des hommes est entourée. Comme l'éther insensible remplissant l'espace universel, enveloppant toutes les choses créées, la doctrine de Jésus est inévitable pour tout homme, quelle que soit la situation dans laquelle il se trouve. Les hommes ne peuvent pas refuser de reconnaître la doctrine de Jésus ; ils peuvent nier l'explication métaphysique de la vie qu'elle donne (on peut tout nier), mais la doctrine de Jésus seule offre des règles de conduite de la vie sans lesquelles l'humanité n'a jamais vécu et ne pourra jamais vivre ; sans lequel aucun être humain n'a vécu ou ne peut vivre, s'il voulait vivre comme l'homme devrait vivre, c'est-à-dire une vie raisonnable. La puissance de la doctrine de Jésus ne réside pas dans l'explication du sens de la vie, mais dans les règles qu'elle donne pour la conduite de la vie. La doctrine métaphysique de Jésus n'est pas nouvelle ; c'est cette doctrine éternelle de l'humanité inscrite dans tous les cœurs des hommes et prêchée par tous les prophètes de tous les âges. La puissance de la doctrine de Jésus réside dans l'application de cette doctrine métaphysique à la vie.

La base métaphysique de l'ancienne doctrine des Hébreux, qui enjoignait l'amour de Dieu et des hommes, est identique à la base métaphysique de la doctrine de Jésus. Mais l'application de cette doctrine à la vie, telle qu'exposée par Moïse, était très différente des enseignements de Jésus. Les Hébreux, en appliquant la loi mosaïque à la vie, étaient obligés d'accomplir six cent treize commandements, dont beaucoup étaient absurdes et cruels, et pourtant tous étaient fondés sur l'autorité des Écritures. La doctrine de la vie, telle que donnée par Jésus sur la même base métaphysique, s'exprime en cinq commandements raisonnables et bienfaisants, ayant une signification évidente et justifiable et embrassant dans leurs restrictions l'ensemble de la vie humaine. Un juif, un disciple de Confucius, un bouddhiste ou un mahométan, qui doute sincèrement de la vérité de sa propre religion, ne peut refuser d'accepter la doctrine de Jésus ; Cette doctrine peut donc encore moins être rejetée par le monde chrétien d'aujourd'hui, qui vit désormais sans aucune loi morale. La doctrine de Jésus ne peut en aucune façon interférer avec la manière dont les hommes d'aujourd'hui considèrent le monde ; elle est d'abord en harmonie avec leur métaphysique, mais elle leur donne ce qu'ils n'ont pas maintenant, ce qui est indispensable à leur existence et ce qu'ils recherchent tous, elle leur offre un mode de vie ; non pas une voie inconnue, mais une voie déjà explorée et familière à tous.

Supposons que vous soyez un chrétien sincère, peu importe la confession. Vous croyez à la création du monde, à la Trinité, à la chute et à la rédemption de l'homme, aux sacrements, à la prière, à l'Église. La doctrine de Jésus n'est pas opposée à votre croyance dogmatique et est absolument en harmonie avec votre théorie de l'origine de l'univers ; et il vous offre quelque chose que vous ne possédez pas. Tant que vous conservez votre religion actuelle, vous sentez que votre propre vie et celle du monde sont pleines de maux auxquels vous ne savez pas comment remédier. La doctrine de Jésus (qui devrait vous lier puisqu'elle est la doctrine de votre propre Dieu) vous offre des règles simples et pratiques qui vous délivreront sûrement, vous et vos semblables, des maux dont vous êtes tourmentés.

Croyez, si vous voulez, au paradis, à l'enfer, au pape, à l'Église, aux sacrements, à la rédemption ; priez selon les préceptes de votre foi, assistez à vos dévotions, chantez vos hymnes, — mais tout cela ne vous empêchera pas de pratiquer les cinq commandements donnés par Jésus pour votre bien-être : Ne vous fâchez pas ; Ne commettez pas d'adultère ; Ne prêtez aucun serment ; Ne résistez pas au mal ; Ne faites pas la guerre. Il peut arriver que vous enfreigniez l'une de ces règles ; vous céderez peut-être à la tentation et violerez l'une d'elles, comme vous violez les règles de votre religion actuelle, ou les articles du code civil, ou les lois de la coutume. De la même manière, il se peut que, dans les moments de tentation, vous ne parveniez pas à observer tous les commandements de Jésus. Mais dans ce cas, ne vous asseyez pas tranquillement comme vous le faites maintenant et organisez votre existence de manière à rendre une tâche extrêmement difficile de ne pas vous mettre en colère, de ne pas commettre d'adultère , de ne pas prêter serment, de ne pas résister au mal. , pour ne pas faire la guerre ; organisez plutôt une existence qui rendra l'accomplissement de toutes ces choses aussi difficile que leur non-exécution est maintenant laborieuse. Vous ne pouvez refuser de reconnaître la validité de ces règles, car ce sont les commandements du Dieu que vous prétendez adorer.

Supposons que vous soyez un incroyant, un philosophe, peu importe de quelle école particulière il s'agit. Vous affirmez que le progrès du monde est conforme à une loi que vous avez découverte. La doctrine de Jésus ne s'oppose pas à vos vues ; c'est en harmonie avec la loi que vous avez découverte. Mais au-delà de cette loi, en vertu de laquelle le monde atteindra au cours de mille ans un état de félicité, il y a encore votre propre vie personnelle à considérer. Cette vie, vous pouvez l'utiliser en vivant conformément à la raison, ou vous pouvez la gaspiller en vivant à l'encontre de la raison, et vous n'avez maintenant pour la guider aucune règle, sauf les décrets rédigés par des hommes que vous n'estimez pas et appliqués. par la police. La doctrine de Jésus vous propose des règles qui sont assurément en accord avec votre loi de « l'altruisme », qui n'est qu'une faible paraphrase de cette même doctrine de Jésus.

Supposons que vous soyez un homme moyen, à moitié sceptique, à moitié croyant, qui n'a pas le temps d'analyser le sens de la vie humaine et qui, par conséquent, n'a pas de théorie déterminée de l'existence. Vous vivez comme le reste du monde autour de vous. La doctrine de Jésus n'est en rien contraire à votre condition. Vous êtes incapable de raisonner, de vérifier les vérités des doctrines qu'on vous enseigne ; il est plus facile pour vous de faire comme les autres. Mais si modeste que soit votre appréciation de votre raison, vous savez que vous avez en vous un juge qui tantôt approuve vos actes, tantôt les condamne. Aussi modeste que soit votre position sociale, il y a des occasions où vous êtes obligé de réfléchir et de vous demander : « Dois-je suivre l'exemple du reste du monde ou dois-je agir conformément à mon propre jugement ? C'est précisément dans ces occasions, où vous êtes appelés à résoudre un problème relatif à la conduite de la vie, que les commandements de Jésus vous interpellent dans toute leur efficacité. Les commandements de Jésus répondront sûrement à votre question, car ils s'appliquent à toute votre existence. La réponse sera en accord avec votre raison et votre conscience. Si vous êtes plus proche de la foi que de l'incrédulité, vous agirez, en suivant ces commandements, en harmonie avec la volonté de Dieu. Si vous êtes plus près du scepticisme que de la croyance, vous gouvernerez, en suivant la doctrine de Jésus, vos actions selon les lois de la raison, car les commandements de Jésus manifestent leur propre sens et leur propre justification.

« *Maintenant est le jugement de ce monde : maintenant le prince de ce monde sera chassé.* » (Jean XII, 31.)

« *Je vous ai dit ces choses, afin que vous ayez la paix en moi. Dans le monde, vous avez des tribulations ; mais prenez courage, j'ai vaincu le monde.* » (Jean XVI. 33.)

Le monde, c'est-à-dire le mal qui existe dans le monde, est vaincu. Si le mal existe encore dans le monde, il n'existe que sous l'influence de l'inertie ; il ne contient plus le principe de vitalité. Pour ceux qui ont foi dans les commandements de Jésus, cela n'existe pas du tout. Elle est vaincue par une conscience éveillée, par l'élévation du fils de l'homme. Un train mis en mouvement continue d'avancer dans la direction dans laquelle il a été démarré ; mais le moment vient où l'effort intelligent d'une main contrôlante se manifeste et le mouvement s'inverse.

« *Vous êtes de Dieu, et vous les avez vaincus, parce que celui qui est en vous est plus grand que celui qui est dans le monde.* » (1 Jean v. 4.)

La foi qui triomphe des doctrines du monde est la foi en la doctrine de Jésus.

CHAPITRE XII.

JE CROIS en la doctrine de Jésus, et voici ma religion :

Je crois que seul l'accomplissement de la doctrine de Jésus peut donner le vrai bonheur aux hommes. Je crois que l'accomplissement de cette doctrine est possible, facile et agréable. Je crois que, bien que personne d'autre ne suive cette doctrine et que je sois seul à la pratiquer , je ne peux pas refuser d'y obéir, si je veux sauver ma vie de la certitude d'une perte éternelle ; tout comme un homme dans une maison en feu, s'il trouve une porte de sécurité, doit sortir, de même je dois profiter du chemin du salut. Je crois que ma vie selon la doctrine du monde a été un tourment, et qu'une vie selon la doctrine de Jésus peut seule me donner dans ce monde le bonheur auquel j'étais destiné par le Père de la Vie. Je crois que cette doctrine est essentielle au bien-être de l'humanité, me sauvera de la certitude d'une perte éternelle et me donnera dans ce monde la plus grande somme de bonheur possible. Croyant ainsi, je suis obligé de pratiquer ses commandements.

« *La loi a été donnée par Moïse ; la grâce et la vérité sont venues par Jésus-Christ.* » (Jean 1. 17.)

La doctrine de Jésus est une doctrine de grâce et de vérité. Autrefois, je ne connaissais ni la grâce ni la vérité. Prenant le mal pour le bien, je suis tombé dans le mal et j'ai douté de la justesse de ma tendance au bien. Je comprends et je crois maintenant que le bien vers lequel j'étais attiré est la volonté du Père, l'essence de la vie.

Jésus nous a dit de vivre à la recherche du bien et de nous méfier des pièges et des tentations (σκάνδ αλον) qui, en nous séduisant avec l'apparence du bien, nous éloignent de la vraie bonté et nous conduisent au mal. Il nous a enseigné que notre bien-être doit être recherché dans la communion avec tous les hommes ; que le mal est une violation de la communion avec le fils de l'homme, et que nous ne devons pas nous priver du bien-être que l'on peut obtenir en obéissant à sa doctrine.

Jésus a démontré que la communion avec le fils de l'homme, l'amour des hommes les uns pour les autres, n'est pas simplement un idéal vers lequel les hommes doivent lutter ; il nous a montré que cet amour et cette communion sont des attributs naturels des hommes dans leur condition normale, la condition dans laquelle naissent les enfants, la condition dans laquelle tous les hommes vivraient s'ils n'étaient pas entraînés par l'erreur, les illusions et les tentations.

Dans ses commandements, Jésus a énuméré clairement et sans équivoque les tentations qui interfèrent avec cette condition naturelle d'amour et de communion et la rendent en proie au mal. Les commandements de Jésus m'offrent les remèdes par lesquels je dois me sauver des tentations qui m'ont privé de bonheur ; et donc je suis obligé de croire que ces commandements sont vrais. Le bonheur était à ma portée et je l'ai détruit. Dans ses commandements, Jésus m'a montré les tentations qui conduisent à la destruction du bonheur. Je ne peux plus œuvrer à la destruction de mon bonheur, et dans cette détermination, et en cela seulement, se trouve la substance de ma religion.

Jésus m'a montré que la première tentation destructrice du bonheur est l'inimitié envers les hommes, la colère contre eux. Je ne peux pas refuser de croire cela, et je ne peux donc pas rester volontairement en inimitié envers les autres. Je ne peux pas, comme je pouvais autrefois, nourrir la colère, en être fier, l'attiser, la justifier, me considérant comme un homme intelligent et supérieur et les autres comme des gens inutiles et insensés. Maintenant, quand j'abandonne la colère, je ne peux que réaliser que je suis seul coupable et chercher à faire la paix avec ceux qui ont quelque chose contre moi.

Mais ce n'est pas tout. Si je constate désormais que la colère est un état anormal, pernicieux et morbide, je perçois aussi la tentation qui m'y a conduit. La tentation était de me séparer de mes semblables, de reconnaître seulement quelques-uns d'entre eux comme mes égaux, et de considérer tous les autres comme des personnes sans importance (*rekim*) ou comme des animaux incultes (*imbéciles*). Je vois maintenant que cette séparation volontaire d'avec les autres hommes, ce jugement de *race* ou *d'imbécile* porté sur les autres, était la principale source de mes désaccords. En repensant à ma vie passée, je me suis rendu compte que j'avais rarement laissé ma colère s'élever contre ceux que je considérais comme mes égaux, que je maltraitais rarement. Mais la moindre action désagréable de la part de celui que je considérais comme inférieur enflammait ma colère et me conduisait à des paroles ou à des actes injurieux, et plus je me sentais supérieur, moins je faisais attention à mon caractère ; parfois, la simple supposition qu'un homme était d'une position sociale inférieure à la mienne suffisait à me provoquer d'une manière scandaleuse.

Je comprends maintenant que seul est au-dessus des autres celui qui est humble avec les autres et se fait le serviteur de tous. Je comprends maintenant pourquoi ceux qui sont grands aux yeux des hommes sont en abomination à Dieu, qui a déclaré malheur aux riches et aux puissants et invoqué la bénédiction sur les pauvres et les humbles. Maintenant, je comprends cette vérité, j'y ai foi, et cette foi a transformé ma perception de ce qui est bien et important, et de ce qui est mal et méprisable. Tout ce qui me paraissait autrefois juste et important, comme les honneurs, la gloire, la civilisation, la richesse, les complications et les raffinements de l'existence, le luxe, la nourriture riche, les beaux vêtements, l'étiquette, est devenu pour moi faux et méprisable. Tout ce qui autrefois me paraissait mauvais et méprisable, comme la rusticité, l'obscurité, la pauvreté, l'austérité, la simplicité du milieu, de la nourriture, des vêtements, des manières, tout est maintenant devenu juste et important pour moi. Ainsi, bien que je puisse parfois m'abandonner à la colère et insulter autrui, je ne peux pas délibérément céder à la colère et ainsi me priver de la véritable source du bonheur, la fraternité et l'amour ; car il est possible qu'un homme tende un piège à ses propres pieds et se perde ainsi. Désormais, je ne peux plus apporter mon soutien à tout ce qui m'élève au-dessus ou me sépare des autres. Je ne peux pas, comme je l'ai fait autrefois, reconnaître en moi-même ou chez autrui des titres, des rangs ou des qualités en dehors du titre et de la qualité de virilité. Je ne peux plus rechercher la renommée et la gloire ; Je ne peux plus cultiver un système d'instruction qui me sépare des hommes. Je ne peux pas, dans mon environnement, ma nourriture, mes vêtements, mes manières, lutter pour ce qui non seulement me sépare des autres mais me rend un reproche à la majorité de l'humanité.

Jésus m'a montré une autre tentation destructrice du bonheur, c'est la débauche, le désir de posséder une autre femme que celle à laquelle je suis uni. Je ne peux plus, comme autrefois, considérer ma sensualité comme un trait sublime de la nature humaine. Je ne peux plus le justifier par mon amour du beau, ni par mon amour, ni par les défauts de mon compagnon. Au premier penchant vers la débauche, je ne peux manquer de reconnaître que je suis dans un état morbide et anormal, et de chercher à me débarrasser du péché qui m'assaille.

Sachant que la débauche est un mal, j'en connais aussi la cause, et je peux ainsi y échapper. Je sais maintenant que la cause principale de cette tentation n'est pas la nécessité de la relation sexuelle, mais l'abandon des femmes par leurs maris, et des maris par leurs femmes. Je sais maintenant qu'un homme qui abandonne une femme, ou une femme qui abandonne un homme, une fois les deux unis, est coupable du divorce que Jésus a interdit, parce que les hommes et les femmes abandonnés par leurs premiers compagnons sont la cause originelle du divorce. toute la débauche du monde.

En cherchant à découvrir les influences qui ont conduit à la débauche, j'ai trouvé que l'une d'elles était une éducation physique et intellectuelle barbare qui développait la passion érotique que le monde s'efforce de justifier par les arguments les plus subtils . Mais la principale influence que j'ai trouvée a été l'abandon de la femme à laquelle j'avais d'abord été uni et la situation des femmes abandonnées autour de moi. La principale source de tentation ne résidait pas dans les désirs charnels, mais dans le fait que ces désirs n'étaient pas satisfaits chez les hommes et les femmes qui m'entouraient. Je comprends maintenant les paroles de Jésus lorsqu'il dit :

" Celui qui les a créés dès le commencement, les a faits mâle et femelle... De sorte qu'ils ne sont plus deux, mais une seule chair. Ce que Dieu a donc uni, que l'homme ne le sépare pas. " (Matt. XIX .4-6.)

Je comprends maintenant que la monogamie est la loi naturelle de l'humanité, qui ne peut être violée impunément. Je comprends parfaitement maintenant les paroles déclarant que l'homme ou la femme qui se sépare d'un compagnon pour en chercher un autre, force l'abandonné à recourir à la débauche, et introduit ainsi dans le monde un mal qui revient sur ceux qui le causent.

C'est ce que je crois; et la foi que j'ai maintenant a transformé mes opinions concernant les choses bonnes et importantes, et les choses mauvaises et méprisables de la vie. Ce qui me paraissait autrefois l'existence la plus délicieuse du monde, une existence faite de plaisirs et de passions délicates et esthétiques , me révolte maintenant. Et une vie de simplicité et d'indigence, qui modère les désirs sexuels, me semble désormais bonne. L'institution humaine du mariage, qui donne une sanction nominale à l'union de l'homme et de la femme, je considère comme d'une importance moins grave que le fait que l'union, une fois accomplie, soit considérée comme la volonté de Dieu et ne soit jamais rompue.

Maintenant, lorsque dans mes moments de faiblesse je cède aux impulsions du désir, je connais le piège qui me livrerait au mal, et je ne peux donc pas planifier délibérément ma manière d'exister comme j'avais l'habitude de le faire autrefois. Je n'ai plus l'habitude de chérir la paresse physique et le luxe, qui excitent à une sensualité excessive. Je ne peux plus poursuivre les divertissements qui brûlent le feu de la sensualité amoureuse, la lecture de romans et de la plupart des poésies, l'écoute de la musique, la fréquentation des théâtres et des bals, divertissements qui me semblaient autrefois élevés et raffinés, mais qui me paraissaient élevés et raffinés. Je vois maintenant être préjudiciable. Je ne peux plus abandonner la femme à laquelle j'ai été uni, car je sais qu'en l'abandonnant, je tends un piège à moi-même, à elle et aux autres. Je ne peux plus encourager l'existence grossière et oisive des autres. Je ne peux plus encourager ou participer aux passe-temps licencieux, à la littérature romantique, aux pièces de théâtre, aux opéras, aux bals, qui sont autant de pièges pour moi et pour les autres. Je ne peux pas favoriser le célibat des personnes aptes à la relation matrimoniale. Je ne peux pas encourager la séparation des femmes de leurs maris. Je ne peux faire aucune distinction entre les unions qu'on appelle du nom de mariage et celles à qui on refuse ce nom. Je suis obligé de considérer comme sacrée et absolue l'union unique et unique par laquelle l'homme est une fois pour toutes indissolublement lié à la première femme à laquelle il a été uni.

Jésus m'a montré que la troisième tentation destructrice du vrai bonheur est le serment. Je suis obligé de croire ses paroles ; par conséquent, je ne peux pas, comme je le faisais autrefois, m'engager par serment à servir qui que ce soit dans quelque but que ce soit, et je ne peux plus, comme je le faisais autrefois, me justifier d'avoir prêté serment parce que « cela ne ferait de mal à personne », parce que tout le monde a fait de même, parce que c'est nécessaire à l'État, parce que les conséquences pourraient être mauvaises pour moi ou pour quelqu'un d' autre si je refuse de me soumettre à cette exigence. Je sais maintenant que c'est un mal pour moi et pour les autres, et je ne peux pas m'y conformer.

Et ce n'est pas tout. Je connais désormais le piège qui m'a conduit au mal, et je ne peux plus me comporter en complice. Je sais que le piège est dans l'usage du nom de Dieu pour sanctionner une imposture, et que l'imposture consiste à promettre d'avance d'obéir aux commandements d'un seul homme, ou de plusieurs hommes, alors que je dois obéir aux commandements de Dieu seul. Je sais maintenant que les maux les plus terribles par leur résultat, la guerre, les emprisonnements, la peine capitale, n'existent qu'à cause du serment en vertu duquel les hommes se font des instruments du mal et croient se dégager de toute responsabilité. En pensant maintenant aux nombreux maux qui m'ont poussé à l'hostilité et à la haine, je vois qu'ils ont tous pour origine le serment , l'engagement de se soumettre à la volonté d'autrui. Je comprends maintenant le sens des mots :—

" *Mais que votre discours soit : Oui, oui ; non, non ; et tout ce qui est plus que cela est du mal.* " (Matt. v. 37.)

Comprenant cela, je suis convaincu que le serment est destructeur de mon véritable bien-être et de celui des autres, et cette croyance change mon estimation du bien et du mal, de ce qui est important et méprisable. Ce qui me paraissait autrefois juste et important, la promesse de fidélité au gouvernement appuyée par le serment, le fait d'exiger des serments d'autrui, et tous les actes contraires à la conscience, accomplis à cause du serment, me semblent maintenant faux et méprisables. Par conséquent, je ne peux plus me soustraire au commandement de Jésus interdisant de prêter serment, je ne peux plus m'engager par serment envers qui que ce soit, je ne peux plus exiger un serment d'autrui, je ne peux pas encourager les hommes à prêter serment, ni amener d'autres à prêter serment. serment; je ne peux pas non plus considérer le serment comme nécessaire, important ou même inoffensif.

Jésus m'a montré que la quatrième tentation destructrice de mon bonheur est le recours à la violence pour résister au mal. Je suis obligé de croire que c'est un mal pour moi et pour les autres ; par conséquent, je ne peux pas, comme je l'ai fait autrefois, recourir délibérément à la violence et chercher à justifier mon acte sous prétexte qu'il est indispensable à la défense de ma personne et de mes biens, ou de la personne et des biens d'autrui. Je ne peux plus céder à la première impulsion du recours à la violence ; Je suis obligé d'y renoncer et de m'en abstenir complètement.

Mais ce n'est pas tout. Je comprends maintenant le piège qui m'a fait tomber dans ce mal. Je sais maintenant que le piège consistait dans la croyance erronée que ma vie pouvait être assurée par la violence, par la défense de ma personne et de mes biens contre les empiétements d'autrui. Je sais maintenant qu'une grande partie des maux qui affligent l'humanité sont dus à ceci : que les hommes, au lieu de donner leur travail pour les autres, se privent complètement du privilège du travail et s'approprient par la force le travail de leurs semblables. Tout le monde considère le recours à la violence comme la meilleure sécurité possible pour la vie et pour la propriété, et je vois maintenant qu'une grande partie du mal que j'ai fait moi-même et que j'ai vu faire aux autres, résultait de cette pratique. Je comprenais maintenant le sens des mots :—

" *Non pas pour être servi, mais pour servir.* " " *L'ouvrier est digne de sa nourriture.* "

Je crois maintenant que mon véritable bien-être et celui des autres n'est possible que lorsque je travaille non pour moi, mais pour un autre, et que je ne dois pas refuser de travailler pour un autre, mais donner avec joie ce dont il a besoin. Cette foi a changé mon estimation de ce qui est juste et important, et faux et méprisable. Ce qui me paraissait autrefois juste et important – la richesse, les droits de propriété, le point d'honneur, le maintien de la dignité personnelle et des privilèges personnels – m'est désormais devenu erroné et méprisable. Le travail pour autrui, la pauvreté, l'humilité, le renoncement à la propriété et aux privilèges personnels, sont devenus à mes yeux justes et importants.

Lorsque maintenant, dans un moment d'oubli, je cède à l'impulsion du recours à la violence, pour la défense de ma personne ou de mes biens, ou de la personne ou des biens d'autrui, je ne peux plus utiliser délibérément ce piège pour mon propre bien. sa propre destruction et celle des autres. Je ne peux plus acquérir de propriété. Je ne peux plus recourir à la force, sous quelque forme que ce soit, pour ma propre défense ou celle d'autrui. Je ne peux plus coopérer avec aucun pouvoir dont l'objet est la défense des hommes et de leurs biens par la violence. Je ne peux plus agir en qualité de juge, ni me revêtir d'aucune autorité, ni participer à l'exercice d'une juridiction quelconque. Je ne peux plus encourager les autres à soutenir les tribunaux ou à exercer une administration faisant autorité.

Jésus m'a montré que la cinquième tentation qui me prive de bien-être, est la distinction que l'on fait entre compatriotes et étrangers. Je dois le croire ; par conséquent, si, dans un moment d'oubli, j'éprouve un sentiment d'hostilité à l'égard d'un homme d'une autre nationalité, je suis obligé, dans les moments de réflexion, de considérer ce sentiment comme mauvais. Je ne peux plus, comme autrefois, justifier mon hostilité par la supériorité de mon propre peuple sur les autres, ni par l'ignorance, la cruauté ou la barbarie d'une autre race. Je ne peux plus m'empêcher de m'efforcer d'être encore plus amical avec un étranger qu'avec un de mes compatriotes.

Je sais maintenant que la distinction que j'ai faite autrefois entre mon propre peuple et celui des autres pays est destructrice de mon bien-être ; mais, plus que cela, je connais maintenant le piège qui m'a conduit dans ce mal, et je ne peux plus, comme je le faisais autrefois, marcher délibérément et calmement dans ce piège. Je sais maintenant que ce piège consiste dans la croyance erronée que mon bien-être dépend uniquement du bien-être de mes compatriotes, et non du bien-être de toute l'humanité. Je sais maintenant que ma communion avec les autres ne peut être interrompue par une frontière ou par un décret gouvernemental qui décide que j'appartiens à une organisation politique particulière. Je sais maintenant que tous les hommes sont partout frères et égaux. Quand je pense maintenant à tout le mal que j'ai fait, que j'ai enduré et que j'ai vu autour de moi, résultant des inimitiés nationales, je vois clairement que tout cela est dû à cette grossière imposture appelée patriotisme, l'amour de son propre peuple. pays natal. Quand je pense maintenant à mon éducation, je vois comment ces sentiments de haine se sont greffés dans mon esprit. Je comprends maintenant le sens des mots :—

" *Aimez vos ennemis et priez pour ceux qui vous persécutent, afin que vous soyez fils de votre Père qui est dans les cieux : car il il fait lever son soleil sur les méchants et sur les bons, et il fait pleuvoir sur les justes et sur les injustes.* "

Je comprends maintenant que le véritable bien-être n'est possible pour moi qu'à condition que je reconnaisse ma communion avec le monde entier. Je crois cela, et cette croyance a changé mon estimation de ce qui est bien et mal, important et méprisable. Ce qui me paraissait autrefois juste et important – l'amour de la patrie, l'amour pour ceux de ma race, pour l'organisation appelée État, les services rendus aux dépens du bien-être d'autrui, les exploits militaires – me semblent maintenant détestables et pitoyables. . Ce qui me paraissait autrefois honteux et erroné – le renoncement à la nationalité et la culture du cosmopolitisme – me semble désormais juste et important. Quand maintenant, dans un moment d'oubli, je soutiens un Russe de préférence à un étranger et que je désire le succès de la Russie ou du peuple russe, je ne peux plus, dans des moments de lucidité, me laisser contrôler par des illusions si destructrices pour mon âme. le bien-être et le bien-être des autres. Je ne parviens plus à reconnaître les États ni les peuples ; Je ne peux plus participer à aucun différend entre peuples ou États, ni à aucune discussion verbale ou écrite entre eux, encore moins à aucun service en faveur d'un État particulier. Je ne puis plus coopérer aux mesures entretenues par les divisions entre États, — la perception des droits de douane, des impôts, la fabrication des armes et des projectiles, ou tout acte favorisant les armements, le service militaire et, à plus forte raison, les guerres, — je ne peux pas non plus encourager les autres à y prendre part.

Je comprends en quoi consiste mon véritable bien-être, j'ai foi en cela, et par conséquent je ne peux pas faire ce qui serait inévitablement destructeur de ce bien-être. Non seulement j'ai la foi que je dois vivre ainsi, mais j'ai la foi que si je vis ainsi, et seulement ainsi, ma vie atteindra son seul sens possible et sera raisonnable, agréable et indestructible par la mort. Je crois que ma vie raisonnable, la lumière que je porte avec moi, m'a été donnée uniquement pour qu'elle puisse briller devant les hommes, non seulement en paroles, mais en bonnes actions, afin que les hommes puissent ainsi glorifier le Père. Je crois que ma vie et ma conscience de vérité sont le talent qui m'a été confié dans un bon but, et que ce talent ne remplit sa mission que lorsqu'il est utile aux autres. Je crois que je suis un Ninivite par rapport aux autres Jonas auprès desquels j'ai appris et apprendrai la vérité ; mais que je suis un Jonas par rapport aux autres Ninivites à qui je suis tenu de transmettre la vérité. Je crois que le seul sens de ma vie doit être atteint en vivant conformément à la lumière qui est en moi, et que je dois permettre à cette lumière de briller pour être vue par tous les hommes. Cette foi me donne une force renouvelée pour accomplir la doctrine de Jésus et pour surmonter les obstacles qui se dressent encore sur mon chemin. Tout cela m'a fait douter de la possibilité de pratiquer la doctrine de Jésus, tout ce qui m'a détourné autrefois, la possibilité de privations, de souffrances et de mort, infligées par ceux qui ne connaissent pas la doctrine de Jésus, confirme maintenant sa vérité. et attire-moi à son service. Jésus a dit : « *Quand tu auras élevé le fils de l'homme, alors tu sauras que je le suis* », — alors tu seras attiré à mon service, — et je sens que je suis irrésistiblement attiré vers lui par l'influence de son doctrine. « *La vérité* », dit-il encore, « *la vérité vous rendra libre* », et je sais que je suis en parfaite liberté.

Je pensais autrefois que si une invasion étrangère se produisait, ou même si des personnes mal intentionnées m'attaquaient et que je ne me défendais pas, je serais volé, battu, torturé et tué avec ceux que je me sentais obligé de protéger, et cette possibilité me troublait. moi. Mais ce qui me troublait autrefois me semble désormais souhaitable et conforme à la vérité. Je sais maintenant que l'ennemi étranger et les malfaiteurs ou brigands sont tous des hommes comme moi ; que, comme moi, ils aiment le bien et détestent le mal ; qu'ils vivent comme moi, aux frontières de la mort ; et qu'avec moi, ils cherchent le salut, et le trouveront dans la doctrine de Jésus. Le mal qu'ils me feront sera mal pour eux et ne pourra donc être que bien pour moi. Mais si la vérité leur est inconnue et qu'ils font le mal en pensant faire le bien, moi, qui connais la vérité, je suis tenu de la leur révéler, et je ne peux le faire qu'en refusant de participer au mal et en confessant ainsi le mal. la vérité par mon exemple.

« Mais voici les ennemis, les Allemands, les Turcs, les sauvages ; si vous ne leur faites pas la guerre, ils vous extermineront ! Ils ne feront rien de tel. S'il existait une société d'hommes chrétiens qui ne faisaient de mal à personne et donnaient de leur travail pour le bien des autres, une telle société n'aurait pas d'ennemis pour les tuer ou les torturer. Les étrangers ne prendraient que ce que les membres de cette société leur donneraient volontairement, sans faire de distinction entre Russes, Turcs ou Allemands. Mais lorsque les chrétiens vivent au milieu d'une société non chrétienne qui se défend par la force des armes et appelle les chrétiens à se joindre à la guerre, alors les chrétiens ont l'occasion de révéler la vérité à ceux qui ne la connaissent pas. Un chrétien connaissant la vérité rend témoignage de la vérité devant les autres, et ce témoignage ne peut être rendu manifeste que par l'exemple. Il doit renoncer à la guerre et faire du bien à tous les hommes, qu'ils soient étrangers ou compatriotes.

"Mais il y a des méchants parmi nos compatriotes ; ils attaqueront un chrétien, et si celui-ci ne se défend pas, le pilleront et le massacreront ainsi que sa famille." Non; ils ne le feront pas. Si tous les membres de cette famille sont chrétiens et, par conséquent, ne consacrent leur vie qu'au service des autres, aucun homme ne sera trouvé assez fou pour priver de telles personnes du nécessaire à la vie ou pour les tuer. Le célèbre Maclay vivait parmi les sauvages les plus sanguinaires ; ils ne l'ont pas tué, ils l'ont vénéré et ont suivi ses enseignements, simplement parce qu'il ne les craignait pas, n'exigeait rien d'eux et les traitait toujours avec bonté.

"Mais que se passe-t-il si un chrétien vit dans une famille non chrétienne, habituée à se défendre et à défendre ses biens par le recours à la violence, et est appelé à participer à des mesures de défense ?" Cette sollicitation est simplement un appel au chrétien à accomplir les décrets de la vérité. Un chrétien ne connaît la vérité que pour la montrer aux autres, plus particulièrement à ses voisins et à ceux qui lui sont liés par le sang et l'amitié, et un chrétien ne peut montrer la vérité qu'en refusant de se joindre aux erreurs de d'autres, en ne prenant part ni aux agresseurs ni aux défenseurs, mais en abandonnant tout ce qu'il possède à ceux qui veulent le lui prendre, montrant ainsi par ses actes qu'il n'a besoin de rien d'autre que l'accomplissement de la volonté de Dieu, et qu'il ne craint rien sauf la désobéissance à cette volonté.

" Mais comment, si le gouvernement ne permet pas à un membre de la société sur laquelle il a de l'influence, de refuser de reconnaître les principes fondamentaux de l'ordre gouvernemental ou de refuser de remplir les devoirs d'un citoyen ? Le gouvernement exige d'un chrétien le serment , le service de juré, le service militaire et son refus de se conformer à ces exigences peuvent être punis de l'exil, de l'emprisonnement et même de la mort. Alors, encore une fois, les exactions des autorités ne sont qu'un appel au chrétien à manifester la vérité qui est en lui. Les exactions de ceux qui détiennent l'autorité sont pour un chrétien les exactions de ceux qui ne connaissent pas la vérité. Par conséquent, un chrétien qui connaît la vérité doit rendre témoignage de la vérité à ceux qui ne la connaissent pas. L'exil, l'emprisonnement et la mort offrent au chrétien la possibilité de témoigner de la vérité, non pas en paroles, mais en actes. La violence, la guerre, le brigandage, les exécutions ne sont pas accomplies par les forces de la nature inconsciente ; ils sont accomplis par des hommes aveuglés et qui ne connaissent pas la vérité. Par conséquent, plus ces hommes font de mal aux chrétiens, plus ils s'éloignent de la vérité, plus ils sont malheureux et plus il est nécessaire qu'ils connaissent la vérité. Or un chrétien ne peut faire connaître sa connaissance de la vérité qu'en s'abstenant des erreurs qui conduisent les hommes au mal ; il doit rendre le bien pour le mal. C'est l'œuvre de la vie d'un chrétien, et si elle est accomplie, la mort ne peut lui nuire, car le sens de sa vie ne peut jamais être détruit.

Les hommes sont unis par l'erreur en une masse compacte. La puissance dominante du mal est la force de cohésion qui les lie ensemble. L'activité raisonnable de l'humanité consiste à détruire le pouvoir cohésif du mal. Les révolutions sont des tentatives visant à briser le pouvoir du mal par la violence. Les hommes pensent qu'en frappant sur la masse ils pourront la briser en fragments, mais ils ne font que la rendre plus dense et imperméable qu'elle ne l'était auparavant. La violence extérieure ne sert à rien. Le mouvement perturbateur doit venir de l'intérieur lorsque la molécule libère son emprise sur la molécule et que la masse entière se désintègre. L'erreur est la force qui lie les hommes entre eux ; la vérité seule peut les libérer. Or la vérité n'est vérité que lorsqu'elle est en action, et c'est alors seulement qu'elle peut se transmettre d'homme à homme. Seule la vérité en action, en introduisant la lumière dans la conscience de chaque individu, peut dissoudre l'homogénéité de l'erreur et détacher les hommes un à un de ses liens.

Ce travail dure depuis dix-huit cents ans. Cela a commencé lorsque les commandements de Jésus ont été donnés pour la première fois à l'humanité, et cela ne cessera que lorsque, comme Jésus l'a dit, « *toutes choses seront accomplies* » (Matt. v. 18). L'Église qui cherchait à détacher les hommes de l'erreur et à les souder ensemble par l' affirmation solennelle qu'elle seule était la vérité, est depuis longtemps tombée en décadence. Mais l'Église composée d'hommes unis, non par des promesses ou des sacrements, mais par des actes de vérité et d'amour, a toujours vécu et vivra éternellement. Aujourd'hui, comme il y a mille huit cents ans, cette Église n'est pas composée de ceux qui disent « *Seigneur, Seigneur* » et engendrent l'iniquité, mais de ceux qui entendent les paroles de vérité et les révèlent dans leur vie. Les membres de cette Église savent que la vie est pour eux une bénédiction tant qu'ils maintiennent la fraternité avec les autres et demeurent dans la communion du fils de l'homme

; et que la bénédiction ne sera perdue que pour ceux qui n'obéissent pas aux commandements de Jésus. Ainsi, les membres de cette Église mettent en pratique les commandements de Jésus et les enseignent ainsi aux autres. Que cette Église soit petite ou grande, elle est néanmoins l'Église qui ne périra jamais, l'Église qui unira enfin dans ses liens les cœurs de toute l'humanité.

" *Ne crains rien, petit troupeau ; car le bon dessein de ton Père est de te donner le royaume.* "

ANNEXE.

LORSQUE le comte Tolstoï parle de l'Église et de ses dogmes, il fait bien entendu référence en particulier à l'Église grecque orthodoxe, l'Église nationale de Russie. Le résumé suivant des enseignements de l'Église grecque orthodoxe est tiré de l'article du professeur TM Lindsay dans l' *Encyclopædia. Brittanica* , neuvième édition, tome xi. p. 158. Les variations par rapport à la doctrine catholique romaine sont indiquées par de petites majuscules et les variations par rapport à la doctrine protestante par des italiques. [Tr.]

« Le christianisme est une révélation divine, communiquée à l'humanité par le Christ ; ses vérités salvatrices doivent être apprises de la Bible *et de la tradition* , la première ayant été écrite *et la seconde maintenue intacte* grâce à l'influence du Saint-Esprit ; *l'interprétation de la Bible appartient à l'Église, qui est enseignée par le Saint-Esprit* , mais tout croyant peut lire les Écritures.

"Selon la révélation chrétienne, Dieu est une trinité, c'est-à-dire que l'essence divine existe en trois personnes, parfaitement égales en nature et en dignité, le Père, le Fils et le Saint-Esprit ; LE SAINT-ESPRIT PROCÈDE DU PÈRE SEUL . Outre le Dieu trinitaire, il n'y a pas d'autre objet de culte divin, *mais l'hommage* (ὑ π ερδουλί α) *peut être rendu à la Vierge Marie, et la révérence* (δουλί α) *aux saints et à leurs images et reliques* .

"L'homme est né avec un préjugé corrompu, qui n'était pas le sien à la création ; le premier homme, lors de sa création, possédait L'IMMORTALITÉ, UNE SAGESSE PARFAITE ET UNE VOLONTÉ RÉGULÉE PAR LA RAISON . Par le premier péché, Adam et sa postérité ont perdu L'IMMORTALITÉ, ET SON LA VOLONTÉ A REÇU UN PRÉSENTEMENT VERS LE MAL . Dans cet état naturel, l'homme qui, avant même de pécher réellement, est pécheur devant Dieu par le péché originel ou hérité, commet de nombreuses transgressions réelles, *mais il n'est pas absolument dépourvu de volonté vers le bien ; et ne fait pas toujours le mal* .

« Le Christ, Fils de Dieu, s'est fait homme en deux natures qui, unies intérieurement et inséparablement, ne font qu'une seule Personne, et, selon le dessein éternel de Dieu, a obtenu pour l'homme la réconciliation avec Dieu et la vie éternelle, dans la mesure où il, par son la mort par procuration a apporté une satisfaction à Dieu pour les péchés du monde ; et cette satisfaction était PARFAITEMENT COMMENSUREE AVEC LES PÉCHÉS DU MONDE . L'homme est rendu participant de la réconciliation dans la régénération spirituelle, à laquelle il parvient, étant conduit et gardé par le Saint-Esprit. l'aide divine est offerte *à tous les hommes sans distinction et peut être rejetée* . Afin d'atteindre le salut, l'homme est justifié et, lorsqu'il est ainsi justifié, IL NE PEUT FAIRE QUE LES COMMANDEMENTS DE DIEU . Il peut tomber de cet état de grâce. par le péché mortel.

"La régénération est offerte par la parole de Dieu et dans les sacrements *qui, sous des signes visibles, communiquent aux chrétiens la grâce invisible de Dieu lorsqu'ils sont administrés cum intentionne* . Il y a *sept* mystères ou sacrements. Le baptême *détruit entièrement* le péché originel. Dans l'Eucharistie, le vrai le corps et le sang du Christ sont *substantiellement présents, et les éléments sont transformés en la substance du Christ, dont les communiants participent corporellement* . TOUS les chrétiens doivent recevoir le pain et le VIN . L' *Eucharistie est aussi un sacrifice expiatoire.* la nouvelle naissance perdue peut être restaurée par la repentance, qui n'est pas seulement (1) un chagrin sincère, mais aussi (2) *la confession de chaque péché individuel au prêtre, et* (3) *l'acquittement des pénitences imposées par le prêtre pour l'enlèvement de la peine temporelle, qui peut avoir été imposée par Dieu et l'Église, accompagnée de l'absolution judiciaire du prêtre, constitue un véritable sacrement* .

« L'Église du Christ est la communauté de TOUS CEUX QUI ACCEPTENT ET PROFESSENT TOUS LES ARTICLES DE FOI TRANSMIS PAR LES APÔTRES ET APPROUVÉS PAR LES SYNODES GÉNÉRAUX. *Sans cette Église visible, il n'y a pas de salut.* Elle est sous l'influence constante du Saint-Esprit et *ne peut donc pas se tromper en matière de foi* . Des personnes spécialement désignées sont nécessaires au service de l'Église, *et elles forment un triple ordre, distinct jure divino des autres chrétiens, d'évêques, de prêtres et de diacres* . LES QUATRE PATRIARCHES D'ÉGALE DIGNITÉ ONT LE RANG LE PLUS ÉLEVÉ PARMI LES ÉVÊQUES, ET LES ÉVÊQUES *réunis en un Conseil général, ils représentent l'Église et décident infailliblement* , sous la conduite du Saint-Esprit, de toutes les questions de foi et de vie ecclésiastique. Tous les ministres du Christ doivent être régulièrement appelés et nommés à leur charge, et sont consacrés *par le sacrement de l'ordre . Les évêques doivent être célibataires* , et LES PRÊTRES ET LES DIACRES NE DOIVENT PAS CONTRACTER UN DEUXIÈME MARIAGE . A tous les prêtres appartient en commun, outre la prédication de la parole, l'administration des SIX SACREMENTS : BAPTÊME, CONFIRMATION, PÉNITANCE, EUCHARISTIE, MARIAGE, ONCTION DES MALADES . Les *évêques* seuls peuvent administrer le *sacrement* de l'ordre.

" *Les cérémonies ecclésiastiques font partie du service divin ; la plupart d'entre elles ont une origine apostolique ; et celles qui se rapportent au sacrement ne doivent pas être omises par les prêtres sous peine de péché mortel.* "

NOTES DE BAS DE PAGE :

[1] *Histoire de la littérature contemporaine fr Russie* .

[2] Rendu du comte Tolstoï .

[3] Bien plus, comme pour dissiper tout doute sur la loi à laquelle il se référait, Jésus cite immédiatement, à propos de ce passage, l'exemple le plus décisif de la négation de la loi de Moïse par la loi éternelle : la loi à laquelle pas le moindre point ne doit faillir : « *Quiconque répudie sa femme et en épouse une autre commet un adultère.* » (Luc XVI, 18.) Autrement dit, selon la loi écrite, le divorce est permis ; selon la loi éternelle, c'est interdit.

[4] Mat. v. 21-48, surtout 38

[5] Deut. XXIV. 1.

[6] Lévit. XIX. 12 ; Deut. XXII. 21, 34.

[7] Cette citation est tirée des *Commentaires sur l'Évangile* , de l'archevêque Michel, ouvrage basé sur les écrits des Pères de l'Église.

[8] Voir Lévit. XIX. 17, 18.

[9] *Contra Celsum* , livre VIII. type. LXXIII.

[10] Isaïe lxi. 1, 2.

[11] Héb. ii. 2. Littéralement : « La foi est le *soutien* de ce qu'on espère, la *conviction* de ce qui n'est pas vu ».

[12] Dans toutes les traductions autorisées par l'Église, on retrouve ici une erreur peut-être intentionnelle. Les mots ἐ ν ὑ μ ῖ ν , *en vous* , sont invariablement rendus *avec vous* .

[13] Marc Aurèle dit : « Révérez ce qu'il y a de meilleur dans l'univers ; et c'est cela qui utilise toutes choses et dirige toutes choses. Et de la même manière, révérez aussi ce qu'il y a de meilleur en vous-même ; et cela est du C'est du même genre que cela. Car en toi aussi, ce qui utilise tout le reste, c'est ceci, et ta vie est dirigée par cela. (Méditations v. 21.)

Epictète dit : « De Dieu sont descendues les graines non seulement à mon père et à mon grand-père, mais à tous les êtres qui sont engendrés sur la terre et qui sont produits, et particulièrement aux êtres raisonnables ; car ceux-là seuls sont par leur nature formés pour communier avec Dieu étant conjoint à lui par la raison. » (Discours, chap. ix.)

Confucius dit : « La loi du grand savoir consiste à développer et à rétablir le principe lumineux de la raison que nous avons reçu d' en haut. » Cette phrase est répétée de nombreuses fois et constitue la base de la doctrine de Confucius.

[14] Les mots du verset 25 sont mal traduits ; le mot ἡ λικί αν signifie *âge, âge de la vie* : par conséquent la phrase entière devrait être rendue : peut ajouter une heure à sa vie.

[15] Exode. iii. 6.

[16] Jean xi. 19-22 ; Mat. XII. 40 ; Luc xi. 30 ; Mat. XVI. 21 ; Marc VIII. 31 ; Luc IX. 22 ; Mat. XVII. 23 ; Marc IX. 31 ; Mat. XX. 19 ; Marquez x. 34 ; Luc XVIII. 33 ; Mat. xxvi. 32 ; Marc XIV. 25.

[17] Une ville de Russie devenue célèbre par une récente catastrophe.

[18] L'épître de Jacques fut longtemps rejetée par l'Église, et lorsqu'elle fut acceptée, elle fut soumise à diverses altérations : certains mots sont omis, d'autres sont transposés, ou traduits de manière arbitraire. J'ai restauré les passages défectueux d'après le texte autorisé par Tischendorf .

[19] Ici, comme dans d'autres passages, δόξ α a été incorrectement traduit par « honneur » ; δόξ α, du verbe δοκέω , signifie « manière de voir, jugement, *doctrine* ».

[20] Jésus est conduit dans le désert pour être tenté par l'erreur. L'erreur suggère à Jésus qu'il n'est pas le Fils de Dieu s'il ne peut pas transformer les pierres en pain. Jésus répond qu'il ne vit pas seulement de pain, mais de la parole de Dieu. Ensuite, l'erreur dit que s'il vit par la parole ou l'esprit de Dieu, la chair peut être détruite, mais l'esprit ne périra pas. La réponse de Jésus est que la vie dans la chair est la volonté de Dieu ; détruire la chair, c'est agir contrairement à la volonté de Dieu, tenter Dieu. L'erreur suggère alors que si cela est vrai, il devrait, comme le reste du monde, se mettre au service de la chair, et la chair lui donnera satisfaction. La réponse de Jésus est qu'il ne peut servir Dieu que parce que la vraie vie est spirituelle et a été placée dans la chair par la volonté de Dieu. Jésus quitte alors le désert et retourne dans le monde. (Matt. iv. 1-11 ; Luc iv. 1-13.)

[21] La justification de cette existence faite par les parents est très curieuse. « Je n'ai besoin de rien pour moi », dit le père ; "Cette manière de vivre me répugne beaucoup ; mais, par affection pour mes enfants, j'en supporte les fardeaux." En clair, son argument serait : « Je sais par expérience que ma manière de vivre est source de malheur, c'est pourquoi j'enseigne à mes enfants la même manière malheureuse d'exister. Par amour pour eux, je les amène dans une ville imprégnée de avec des miasmes physiques et moraux ; je les confie aux soins d'étrangers, qui considèrent l'éducation des jeunes comme une entreprise lucrative ; j'entoure mes enfants de corruption

physique, morale et intellectuelle. Et ce raisonnement doit servir de justification à l'existence absurde menée par les parents eux-mêmes.

[22] Voir l'annexe.

[23] Ce livre est en usage dans toutes les écoles et églises de Russie depuis 1839. — TR.